Schlüsselkompetenzen

In dieser Reihe sind erschienen:

Schreiben in Studium und Beruf von Andrea Frank, Stefanie Haacke und Swantje Lahm

Reden – Argumentieren – Überzeugen von Daniel Händel, Andrea Kresimon und Jost Schneider

Qualifikationen für Studium und Beruf von Vera Nünning (Hg.)

Literatur recherchieren in Bibliotheken und Internet von Fabian Franke, Hannah Kempe, Annette Klein, Louise Rumpf und André Schüller-Zwierlein

Heike Rettig

Wissenschaftliche Arbeiten schreiben

Mit Abbildungen und Grafiken

J. B. Metzler Verlag

Die Autorin
Dr. Heike Rettig ist Wissenschaftliche Mitarbeiterin am Institut für Germanistik
(Sprachwissenschaft) der Universität Koblenz-Landau.

Bibliografische Information der Deutschen Nationalbibliothek
Die Deutsche Nationalbibliothek verzeichnet diese Publikation
in der Deutschen Nationalbibliografie; detaillierte bibliografische
Daten sind im Internet über http://dnb.d-nb.de abrufbar.

ISBN 978-3-476-04489-1
ISBN 978-3-476-04490-7 (eBook)

J. B. Metzler ist Teil von Springer Nature
Die eingetragene Gesellschaft ist Springer-Verlag GmbH Deutschland
www.metzlerverlag.de
info@metzlerverlag.de

Einbandgestaltung: Finken & Bumiller, Stuttgart (Foto: iStock, triloks)
Satz: primustype Hurler GmbH, Notzingen

J. B. Metzler, Stuttgart
© Springer-Verlag GmbH Deutschland, 2017

Inhaltsverzeichnis

Vorwort

Wissenschaftliches Schreiben lernt man nicht in der Schule. Das Verfassen von Seminar- und Abschlussarbeiten stellt Studierende deshalb vor neue Herausforderungen. Diese Einführung in das wissenschaftliche Schreiben soll Ihnen dabei helfen, die ersten Schritte auf dem akademischen Weg zu machen und die ›ganz normalen‹ Gefühle von Unsicherheit und Orientierungslosigkeit produktiv und selbstständig zu bearbeiten.

Seit vielen Jahren betreue ich als Trainerin in Schreibworkshops und als Lehrende an der Universität Studentinnen und Studenten bei ihren wissenschaftlichen Arbeiten und ihren Anfängen im wissenschaftlichen Schreiben. Sowohl die praktische Erfahrung als auch die Forschung zum wissenschaftlichen Schreiben zeigen, dass dabei immer wieder ähnliche Fragen und Probleme auftreten.

Aus den Anforderungen der alltäglichen Universitätspraxis entstand die Grundlage der vorliegenden Einführung, der »Leitfaden« zum Verfassen von Hausarbeiten, den ich für das Institut für Germanistik an der Universität Koblenz-Landau/Campus Koblenz erstellt habe und der – nach gemeinsamer Schlussredaktion mit Dr. Kerstin Kallass – unseren Studierenden als Online-Text zur Verfügung gestellt wurde. Dieser seit etlichen Jahren bewährte Text wurde für die hier vorliegende Einführung wesentlich erweitert und überarbeitet, so dass er für geisteswissenschaftliche Fächer eine allgemeine Orientierung bieten kann.

Die Einführung hat zum Ziel, konkret und problembezogen Hilfestellung bei Basisaufgaben zu bieten. Dabei wird zum einen auf bewährte Methoden aus Schreibberatung und -training zurückgegriffen. Zum anderen wird, wo immer sinnvoll, nach dem Grundsatz des ›guten Beispiels‹ gearbeitet. Dies bedeutet, dass allgemeine Maximen und Konventionen an Textbeispielen gezeigt und die Charakteristika der Textsorte ›Wissenschaftlicher Text‹ anhand vieler Textauszüge aus wissenschaftlichen Werken und studentischen Seminararbeiten exemplarisch veranschaulicht werden. Ich bedanke mich herzlich bei den Studierenden der Universität Koblenz-Landau/Campus Koblenz, die ihre Arbeiten zur Verfügung gestellt haben! Zudem habe ich so oft wie möglich praxisnahe Anleitungen und Checklisten zur Lösung von Basisaufgaben, wie z. B. das Erkennen von Fachliteratur, erstellt.

Ich wünsche Ihnen viel Erfolg und Freude bei Ihrer Arbeit. Geben Sie nicht auf, wenn Sie steinige Pfade sowie Um- und Irrwege gehen müssen – es lohnt sich!

im Juli 2017
Heike Rettig

1 Anforderungen an eine studentische Hausarbeit

Schriftliche Hausarbeiten sind erste Schritte auf dem Weg zum wissenschaftlichen Schreiben und Arbeiten. Sie sind noch kein originärer Beitrag zur Wissenschaft, sie werden noch nicht zum Gegenstand des Diskurses in der ›scientific community‹.

Von Ihnen als Studierenden wird also noch keine ›Profi-Arbeit‹ erwartet! Ihre Hausarbeit sollte jedoch bereits grundlegenden formalen, inhaltlichen und sprachlich-stilistischen Anforderungen gerecht werden:

- In einer Hausarbeit sollen Sie ein fachliches Thema hinsichtlich einer – häufig selbst zu erarbeitenden – **spezifischen Fragestellung** behandeln (s. dazu Kapitel 4.4). Hierzu muss einschlägige Fachliteratur herangezogen werden (s. dazu Kapitel 4.3.1) und auch eigenständiges empirisches Arbeiten ist – in einem kleinen, einer Hausarbeit angemessenen Umfang – möglich.
- In einer Hausarbeit sollen Sie zeigen, dass Sie in der Lage sind, komplexe Sachverhalte und Zusammenhänge Ihres Faches **sprachlich präzise und korrekt** zu formulieren.
- In einer Hausarbeit sollte erkennbar werden, dass Sie sich an **wissenschaftliche Stilprinzipien** (s. Kapitel 4.6) annähern und dass Sie in der Lage sind, eine **textlich kohärente** und hinsichtlich Belegen und Zitieren **formal korrekte** Darstellung zu verfassen (s. dazu Kapitel 5).
- In einer Hausarbeit sollen Sie darstellen und zeigen, dass Sie zu einem **systematischen und methodischen Vorgehen** bei der Bearbeitung der gewählten Fragestellung in der Lage sind.
- In einer Hausarbeit sollte die (beginnende) Fähigkeit zur **Reflexion** wissenschaftlicher Erkenntnisse und Annahmen erkennbar sein.

Eine wissenschaftliche Arbeit ist zudem stets **eingebettet in den wissenschaftlichen Diskurs** zum behandelten Thema. Auch bei der Bearbeitung der Fragestellung einer Hausarbeit muss (in kleinem Rahmen) inhaltlich auf diesen Diskurs Bezug genommen werden. Grundlegendes, unhintergehbares Prinzip ist dabei die Trennung und Kennzeichnung von eigenem und fremdem Gedankengut. Dies bedeutet, dass alle (wörtlich, paraphrasiert, zusammengefasst) übernommenen Aussagen von anderen Autoren und Autorinnen gekennzeichnet werden müssen. Sie dürfen in ihrer ursprünglichen Bedeutung und in ihrem Sinnzusammenhang nicht verändert werden. Eigene Bewertungen, Analyseergebnisse, Schlussfolgerungen, Annahmen etc. müssen sich von den Ausführungen anderer Autoren und Autorinnen deutlich abheben und als eigene Gedanken und Forschungsergebnisse erkennbar sein. Jede/r Studierende ist deshalb, wie alle wissenschaftlich Schreibenden, zur **wissenschaftlichen Redlichkeit** (s. dazu Kapitel 5.2.1) verpflichtet.

2 Checkliste: Bewertungskriterien

Im Folgenden sind die Kriterien zusammengestellt, die bei der Bewertung einer Hausarbeit im Allgemeinen relevant werden. Je nach Fach, Vorhaben und Maßgabe des einzelnen Dozenten bzw. der einzelnen Dozentin treffen natürlich nicht immer alle Kriterien auf die individuelle Arbeit zu, ggf. werden auch noch andere als die genannten Kriterien im Einzelfall von Bedeutung sein. Die folgende Auflistung ist deshalb nicht als vollständig zu betrachten, sondern dient der allgemeinen Orientierung.

Die Liste eignet sich jedoch auch als Checkliste, mit der Studierende die Hausarbeit vor der Abgabe kritisch prüfen können. Die Themenbereiche der nachfolgenden Liste werden in den folgenden Kapiteln ausführlich behandelt.

Formale Korrektheit – Belege und Literatur- und Quellenverzeichnis

Checkliste

- Sind alle im Text genannten Quellen auch im Text direkt belegt (durch Fußnote oder Klammerangabe)?
- Sind die Belege im Text, entsprechend der verlangten Konvention (für Fußnoten bzw. Klammerangaben), formal korrekt und einheitlich gestaltet?
- Sind die Belege im Text inhaltlich korrekt?
- Sind wörtliche Zitate korrekt übernommen, Hinzufügungen und Auslassungen entsprechend gekennzeichnet?
- Sind alle Quellen, die im Text genannt und belegt werden, auch im Literaturverzeichnis am Ende der Arbeit aufgeführt?
- Sind ausschließlich tatsächlich im Text erwähnte Quellen im Literaturverzeichnis genannt (keine Pseudo-Belege)?
- Ist das Literaturverzeichnis entsprechend der verlangten Konvention formal korrekt und einheitlich gestaltet?
- Sind die Literaturangaben im Literaturverzeichnis inhaltlich vollständig und korrekt?

Formale Korrektheit – Gestaltung hinsichtlich Layout/erforderlichen Teilen

- Sind die Vorgaben Ihres Instituts bezüglich des Layouts (v. a. Gliederung nach Dezimalsystem, Seitenränder, Seitennummerierung, Schriftart und -größe, Zeilenabstand, Einbindung von Zitaten, Format von Belegen im Text, Format des Literaturverzeichnisses, Absatzformat) eingehalten?
- Tabellen und Abbildungen: Sind diese beschriftet und nummeriert und ist ggf. ihre Herkunft spezifiziert (Quellenbeleg im Text)?
- Tabellen und Abbildungen: Sind diese im Tabellen-/Abbildungsverzeichnis dokumentiert?
- Falls erforderlich: Ist umfangreicheres Material in einem separaten Anhang vollständig dokumentiert?

- Ist das Deckblatt entsprechend der verlangten Konvention gestaltet und enthält alle notwendigen Angaben?
- Sind alle sonstigen notwendigen Teile (Anhang, ggf. Archivierungsdeckblatt, Eigenständigkeitserklärung, ggf. Leistungsnachweise aus dem Modul) vorhanden?

Bewertung der verwendeten Quellen

- Wird – bezogen auf die allgemeinen Anforderungen an eine Hausarbeit und die speziellen Erfordernisse des Themas – genügend Literatur herangezogen?
- Werden ausschließlich wissenschaftliche Fachliteratur und andere fachliche Quellen herangezogen?
- Werden überwiegend/ausreichend Fachliteratur und andere fachliche Quellen des Faches herangezogen, dem die Hausarbeit zugeordnet ist?
- Sind die verwendeten Quellen relevant und einschlägig für die Bearbeitung der Frage-/Aufgaben-/Problemstellung?
- Falls es – thematisch begründet – keine spezielle Fachliteratur gibt: Wird thematisch verwandte, passende Fachliteratur aus anderen Wissenschaftsbereichen hinzugezogen?

Untersuchungskorpora/Analysematerial

- Wird das untersuchte/analysierte Material (fiktionale und nichtfiktionale Texte, Filme, Bilder, Werbeanzeigen, Transkripte etc.) vollständig und ausreichend beschrieben?
- Sind Herkunft des untersuchten Materials und Quellen, aus denen das Material ggf. entnommen ist, korrekt und vollständig dokumentiert?
- Ist das gewählte Material geeignet, um die Frage-/Problem-/Aufgabenstellung zu bearbeiten?
- Wird die Auswahl des untersuchten Materials/die Korpus-Zusammensetzung angemessen begründet?
- Werden – bei größeren Korpora – sinnvolle, der Frage-/Problem-/Aufgabenstellung angemessene Kriterien für die Auswahl des untersuchten Materials expliziert?
- Ist das Material, falls erforderlich, im Anhang vollständig dokumentiert?
- Bei selbst erhobenen Daten: Sind die Erhebungsmethode und die Umstände der Erhebung ausreichend dokumentiert?
- Bei selbst erhobenen Daten: Ist die Wahl der Erhebungsmethode begründet?

Bezugnahme auf den fachlichen Diskurs zum Thema

- Wird im Kontext der Fragestellung auf den wissenschaftlichen Fachdiskurs zum Thema Bezug genommen? Wird die Frage-/Problem-/Aufgabenstellung aus dem Diskurs heraus entwickelt?
- Werden für die Bearbeitung der Fragestellung relevante Aspekte der Fachliteratur herausgegriffen und ggf. dargestellt (Darstellung des Forschungsstandes zum Thema)?
- Ist die eigene Darstellung der rezipierten fachlichen Quellen inhaltlich richtig?
- Wird im Text der Hausarbeit bei der Darstellung des Forschungsstandes/von Forschungsergebnissen ausreichend deutlich, wer der Urheber von Ideen und Ergebnissen ist und aus welcher Quelle das dargestellte Gedankengut stammt?
- Ist zuverlässig erkennbar, was eigenes und was fremdes Gedankengut ist?
- Wird die hinzugezogene Literatur nicht nur wiedergegeben, sondern auch zueinander in Bezug gesetzt und ggf. kritisch reflektiert?
- Werden ggf. erforderliche Kategorien/Perspektiven für die Analyse und Interpretation des gewählten Materials aus der Fachliteratur heraus erarbeitet und hinreichend detailliert dargestellt?

Konzeption/inhaltliche Gesichtspunkte

- Ist die Frage-/Problem-/Aufgabenstellung in der Einleitung expliziert?
- Ist die Frage-/Problem-/Aufgabenstellung spezifisch und eindeutig formuliert?
- Ist die methodische Vorgehensweise, mit der die Frage-/Problem-/Aufgabenstellung bearbeitet werden soll, dargestellt?
- Ist die (wissenschaftliche/gesellschaftliche/anwendungsbezogene) Relevanz der Fragestellung dargelegt, bzw. ergibt sich diese unmittelbar aus dem Kontext?
- Sind Einleitung und Schluss inhaltlich aufeinander bezogen? Wird die in der Einleitung aufgeworfene Frage-/Problemstellung im Schlussteil ›beantwortet‹?
- Werden ggf. explizit Analysekategorien und Interpretationsdimensionen/-perspektiven für die eigene Analyse/Interpretation des Materials angeführt?
- Sind Theorieteil und Analyse-/Interpretationsteil aufeinander bezogen, d. h. werden Analysekategorien/Interpretationsdimensionen aus dem theoretische Teil abgeleitet und begründet?
- Werden die im theoretischen Teil entwickelten Analysekategorien und Interpretationsperspektiven bei der Analyse/Interpretation auch tatsächlich verwendet/angewendet?
- Enthält der Schluss mehr als eine Wiederholung/Zusammenfassung, d. h. wird z. B. das Ergebnis der Arbeit reflektiert, werde eigene, auf das Erarbeitete gestützte Schlussfolgerungen und Urteile erkennbar, werden Desiderata/weiterführende Überlegungen erkennbar?
- Ist ein ›roter Faden‹ in der Hausarbeit erkennbar, folgt der Gesamttext einer erkennbaren logisch-argumentativen Gliederung?

- Bei materialbasierten Arbeiten: Wird das Material mit fachlich nachvollziehbaren Methoden interpretiert/analysiert? Wird die Methode reflektiert?
- Ist die vorgenommene Aufteilung in Kapitel und Unterkapitel sinnvoll?
- Ist der Umfang der einzelnen Kapitel/Unterkapitel in Bezug auf die Fragestellung angemessen?
- Sind die Kapitel und Unterkapitel inhaltlich sinnvoll/notwendig für die Bearbeitung der Frage-/Problem-/Aufgabenstellung?
- Sind inhaltliche/vorgehenslogische Bezüge zwischen den Kapiteln deutlich gemacht (z. B. in Form von Ein- und Überleitungen)?
- Werden die erforderlichen begrifflichen Differenzierungen vorgenommen?
- Werden Fachbegriffe statt Alltagsbegriffe verwendet?
- Werden die Fachbegriffe korrekt verwendet?
- Sind die Interpretationen und Analysen am Text (oder anderen Quellen) belegt und plausibilisiert?
- Sind eigene, nicht der Literatur entnommene Interpretationen, Analyseergebnisse, Schlussfolgerungen, Typologisierungen etc. vorhanden und eindeutig als eigene Leistung erkennbar?

Sprachliche Gestaltung
- Sind Rechtschreibung, Grammatik und Zeichensetzung korrekt?
- Ist das sprachlich Dargestellte verständlich und inhaltlich nachvollziehbar?
- Sind inhaltliche/argumentative Bezüge im Text ausreichend sprachlich expliziert?
- Sind inhaltliche/argumentative Bezüge im Text nachvollziehbar und sinnvoll?
- Ist der Stil insgesamt fachlich angemessen?

3 Formale Gestaltung

Bezüglich des Layouts (v. a. hinsichtlich der Seitenränder, der Schriftgröße und des Schrifttyps) und der erwünschten Seiten- bzw. Zeichenzahl gibt es häufig wegen der Vergleichbarkeit der Arbeiten instituts- bzw. dozentenspezifische Vorgaben. **Fragen Sie bitte unbedingt nach, ob es solche verbindlichen Vorgaben an Ihrem Institut gibt.** Die nachfolgenden Angaben beziehen sich auf ein übliches Format, an dem Sie sich orientieren können, wenn Ihr Institut/Dozent keine Vorgaben macht.

3.1 | Erscheinungsbild einer Hausarbeit im Überblick

Druckformat: einseitig gedruckt

Umfang: Der Umfang der Arbeit ist abhängig von den Anforderungen des Studiengang-Moduls und den Vorgaben der einzelnen Dozentin/des einzelnen Dozenten. Zu Anfang des Studiums wird erfahrungsgemäß häufig ein Umfang von ca. 10 bis 15 Textseiten erwartet, in höheren Semestern häufig ca. 20 Textseiten. Deckblätter, Inhaltsverzeichnis, Literaturverzeichnis und Anhänge (z. B. Tabellen, Transkripte, Abbildungen) werden beim erwarteten Umfang generell nicht mitgezählt.

Abgabeform: Die ausgedruckte Arbeit wird üblicherweise in einem Schnellhefter oder mit einem Heftstreifen oder Tacker zusammengeheftet. Die einzelnen Textseiten nicht in Dokumentenhüllen aus Plastik stecken! Eine Bindung ist in der Regel nicht erforderlich.

Nachweise: Falls erforderlich, sollten die Nachweise über bereits erbrachte Modulleistungen, die vorausgesetzt werden, ganz am Schluss mit eingeheftet werden.

Seitennummerierung: Seiten werden durchgehend nummeriert. Die Seitenzählung beginnt mit der ersten Textseite der Einleitung (dies ist Seite 1). Die Seitenzahl soll rechts unten platziert werden.

Zeilenabstand: 1,5-zeilig; innerhalb von längeren Zitaten, die in einem eigenen Absatz stehen, 1-zeiliger Abstand

Seitenlayout:

Abstand vom oberen Seitenrand	2,5 cm
Abstand vom unteren Seitenrand	2,0 cm
Abstand vom linken Seitenrand	2,0 cm
Abstand vom rechten Seitenrand	4,0 cm

Kapitelgliederung: Die Arbeit soll in mehrere Kapitel und Unterkapitel gegliedert werden. Die Gliederung erfolgt nach dem Dezimalsystem. Eine Untergliederung in drei Ebenen ist in der Regel in einer Hausarbeit ausreichend.

Ein Oberkapitel muss mindestens zwei bis drei Seiten, ein Unterkapitel mindestens eine Seite umfassen. Nur Oberkapitel dürfen auf einer neuen Seite beginnen, Unterkapitel werden fortlaufend angefügt, sofern genügend Platz auf der Seite für Überschrift und mindestens drei Textzeilen des neuen Unterkapitels ist.

Schrifttyp und Schriftgröße: Am häufigsten wird Times New Roman 11p verwendet, üblich sind jedoch auch Calibri 11p, Helvetica Neue 11p oder Arial 11p. Der Schrifttyp sollte in Hausarbeiten einheitlich in der ganzen Arbeit beibehalten werden, d. h. dass der Schrifttyp z. B. für Überschriften oder Tabellenbeschriftungen nicht verändert wird. Für den Text in Fußnoten wird die Schriftgröße um 2p verringert.

Überschriftengrößen:

Erste Ebene (Kapitelüberschrift)	14 p
Tiefere Gliederungsebenen sowie Zwischen- überschriften ohne Nummerierung	12 p

Absätze: Der Text soll in Absätze untergliedert werden. Absätze werden nicht willkürlich eingefügt, sondern sind Sinn- und Gliederungseinheiten! Sie sollten nicht kürzer als ca. 3 Sätze und nicht länger als eine dreiviertel Seite sein und sind durch eine Leerzeile voneinander zu trennen.

Belege im Text: Literaturbelege im Text erfolgen entweder durch Fußnoten (z. B. üblich in der Literaturwissenschaft) oder durch Angaben in Klammern (›Harvard-Methode‹, z. B. üblich in der Linguistik). Bei beiden Belegsystemen können Fußnoten auch für inhaltliche Anmerkungen verwendet werden, die Fußnotenzählung läuft durch (Genaueres hierzu im Kapitel 5.3).

Zitate, die länger als 2–3 Zeilen sind, werden als eigener Absatz eingefügt. Sie werden nicht in Anführungszeichen gesetzt. Vor dem Zitat und nach dem Zitat wird eine Leerzeile eingefügt, der Zitattext wird links um 1 cm eingerückt. Die Schriftgröße wird um 1p reduziert. Der Zeilenabstand im Zitattext ist nur einzeilig.

Kurze Zitate, die in den Fließtext integriert werden, werden in doppelte Anführungszeichen gesetzt. Das Zitat wird belegt durch Angaben in der zugehörigen Fußnote oder Klammer (s. dazu Kapitel 5.3).

Inhaltsverzeichnis: Die Gliederung des Inhaltsverzeichnisses erfolgt im Dezimalsystem, die Seitenzahlen der einzelnen Kapitel stehen rechtsbündig auf der Seite. Die Überschriften sollen auf den Inhalt und die Funktion des Kapitels Bezug nehmen (›sprechende Überschriften‹), keinesfalls zulässig sind Überschriften wie ›Kapitel 1‹ oder ›Hauptteil‹ (s. dazu Kapitel 4.4.5.2).

Wenn man die Überschriften im Text mit (voreingestellten oder selbst erstellten) Formatvorlagen formatiert, kann das Inhaltsverzeichnis (inklusive der Seitenzahlen) automatisch durch das Textverarbeitungsprogramm erzeugt werden. Das Inhaltsverzeichnis kann dann jederzeit neu erstellt werden, d. h. Änderungen in Überschriften und Kapiteleinteilung werden bei jeder automatischen Erzeugung übernommen und korrekt der aktuellen Seitenzahl zugeordnet.

Tipp

Anhang: Hier befindet sich ggf. das Material, das in der Arbeit analysiert wurde (Primärtexte, -quellen) oder auf das in der Arbeit explizit Bezug genommen wurde und das aufgrund seines Umfangs ›ausgelagert‹ wird. Im Anhang können sich z. B. Auswertungstabellen, Schaubilder oder Grafiken befinden. Es kann dort auch z. B. ein Korpus von Texten, Transkripten oder Bildern dokumentiert werden, das untersucht wurde. Im Anhang wird das vollständig dokumentiert, auf was man im Text nur auszugsweise oder verweisend Bezug genommen hat.

Tabellenverzeichnis: Werden eigene oder übernommene Tabellen im Haupttext eingefügt, so soll jede Tabelle mit einer Tabellenunterschrift in Schriftgröße 10p versehen und durchgehend nummeriert werden. Alle Tabellenunterschriften und ihre Nummern werden im Tabellenverzeichnis mit Seitenzahlen aufgeführt.

Abbildungsverzeichnis: Werden eigene oder übernommene Abbildungen im Haupttext eingefügt, so muss jede Abbildung mit einer Abbildungsunterschrift in Schriftgröße 10p versehen und durchgehend nummeriert werden. Alle Abbildungsunterschriften und ihre Nummer werden im Abbildungsverzeichnis mit Seitenzahlen aufgeführt.

Auch Tabellen und Abbildungen können mit selbst- oder voreingestellten Formatvorlagen beschriftet werden. Damit kann, ähnlich wie beim Inhaltsverzeichnis, ein Tabellen- oder Abbildungsverzeichnis mithilfe des Textverarbeitungsprogramms automatisch erzeugt und bei jeder Änderung aktualisiert werden. Verweise im Text auf die Abbildungen werden bei Änderungen ebenfalls aktualisiert.

Tipp

3.2 | Notwendige Teile der Hausarbeit und ihre Reihenfolge

Eine Hausarbeit besteht aus den verschiedenen Teilen, die üblicherweise in der unten gezeigten Reihenfolge erscheinen sollen.

Standardisiertes Archivierungsdeckblatt	Bitte prüfen Sie, ob dies an Ihrer Universität verlangt wird (ein solches standardisiertes Deckblatt wird z. B. an manchen Universitäten vom Prüfungsamt gewünscht).
Individuelles Deckblatt	zu den notwendige Angaben s. Kapitel 3.3
Inhaltsverzeichnis	enthält Seitenzahlen Gliederung nach Dezimalsystem wie in Kapitel 4.4.5.3 weitere Informationen s. Kapitel 4.4.5
Einleitung	ca. 10–15 % der Arbeit ab hier beginnt die Seitennummerierung und -zählung weitere Informationen s. Kapitel 4.4.3
Hauptteil	besteht aus mehreren Unterkapiteln im Hauptteil erfolgt die Bearbeitung der Fragestellung
Fazit	umfasst ca. 10–15 % der Arbeit weitere Informationen s. Kapitel 4.4.4
Literatur- und Quellenverzeichnis	Informationen s. Kapitel 5.4
ggf. Abbildungsverzeichnis	
ggf. Tabellenverzeichnis	
ggf. Anhang	enthält z. B. Analysematerial (wie Texte, Transkripte, Werbeanzeige etc.), Fotos, Grafiken, Schaubilder etc.
Eigenständigkeitserklärung	Vorlage im Anhang unter Kapitel 5.2.1
ggf. erforderliche Leistungsnachweise	betrifft ggf. vorausgesetzte und bereits erbrachte Leistungen im Modul

3.3 | Gestaltung des Deckblattes

Das Deckblatt sollte alle Angaben enthalten, die notwendig sind, damit der/die Dozent/in die Arbeit eindeutig der Person, dem Studiengang und einer Lehrveranstaltung zuordnen, die Note verbuchen und ggf. Kontakt mit Ihnen aufnehmen kann.

Im Folgenden finden sie die Auflistungen aller notwenigen Angaben und einen Vorschlag für die Anordnung der Angaben und das Layout des Deckblattes.

vollständiger Name der Universität
korrekter Name des Instituts, an dem die Arbeit eingereicht wird
Modulnummer und Modultitel (z. B. ›M4: Sprache und Handeln‹)
Titel des Seminars (z. B. ›Seminar Interkulturelle Linguistik‹)
Semester, in dem das Seminar besucht wurde (z. B. ›SoSe 2017‹)
Name des Seminarleiters/der Seminarleiterin

Muster

Titel der Seminararbeit
Untertitel

Name des Verfassers/der Verfasserin
Bezeichnung des Studiengangs (z. B. ›Bachelor of Education Germanistik/Geschichte‹)
Zahl der Fachsemester (z. B. ›4. Fachsemester‹)
Adresse des Verfassers/der Verfasserin
Mailadresse des Verfassers/der Verfasserin
Matrikelnummer des Verfassers/der Verfasserin

4 Inhaltliche und arbeitsorganisatorische Aspekte

Gerade im BA-Studium sind viele Fristen und Abgabetermine einzuhalten. Eine realistische Zeit- und Arbeitsplanung erleichtert Ihnen deshalb das Leben sehr. Viele Studierende, gerade in den Anfangssemestern, unterschätzen den Zeitaufwand, den es erfordert, eine wissenschaftliche Hausarbeit zu verfassen. Das folgende Kapitel soll Ihnen daher Hilfestellung bei der Planung und dem Schreiben der Hausarbeit geben.

4.1 | Planung einer wissenschaftlichen Hausarbeit

Im Folgenden werden modellhaft die Arbeitsphasen einer wissenschaftlichen Arbeit (anhand einer veränderte Liste auf der Basis von Kruse 1997, S. 2007) dargestellt.

Zyklischer Arbeitsprozess: Wichtig ist hierbei, dass im realen wissenschaftlichen Arbeitsprozess diese Phasen nicht einfach nacheinander ›abgearbeitet‹ werden, sondern dass man dazwischen hin- und herspringt und die ›Phasen‹ mehrfach durchläuft.

Zum Beispiel wird oft an verschiedenen Punkten des Arbeitsprozesses eine erneute Literaturrecherche und Lesephase nötig oder die Gliederung verändert sich (auch mehrfach), da man neue Erkenntnisse über seine Gegenstand gewonnen hat, die Fragestellung noch weiter präzisieren konnte oder im Schreiben zu dem Ergebnis gekommen ist, dass die Darstellungs- und Argumentationslogik der Arbeit eine andere Gliederung erforderlich macht – entsprechend verändert sich dann die Einleitung. Auch die Datenerhebung bzw. Materialsammlung kann ein Prozess sein, der parallel zu anderen Arbeitsphasen läuft. Das Schreiben der ersten Textfassung eines Kapitels geschieht bei vielen Schreibenden ebenfalls zusammen mit dem Lesen und Auswerten von Literatur, und/oder dem Analysieren/Interpretieren des Materials.

Ein zyklisches Vorgehen ergibt sich, so betont Liebert (2016) mit Bezug auf die *grounded theory*, nicht einfach nur aus praktischen Gründen, sondern ist konstitutiv für den geisteswissenschaftlichen Forschungsprozess.

Zeit- und Arbeitsplanung: Generell wichtig für die Zeit- und Arbeitsplanung ist es, daran zu denken, dass eine wissenschaftliche Arbeit mehrfach in ihren Teilen und als Ganzes überarbeitet werden sollte. Der erste, vollständige Gesamttext ist immer erst eine Rohversion. Diese Rohversion muss verschiedene Überarbeitungsschritte bis zum abgabefertigen Text durchlaufen!

Phasenmodell als Grundlage: Trotz der oben geschilderten Einschränkungen beschreibt das im nächsten Kapitel angeführte Phasenmodell eindrücklich, wie viele arbeitsintensive Schritte beim Verfassen einer Hausarbeit durchlaufen werden. Es ist als Grundlage für eine Zeit- und Arbeitsplanung geeignet. Zu den im Modell genannten Bereichen finden Sie ausführlichere Hinweise und Tipps in den anschließenden Kapiteln.

Konkrete Planung: Für eine Zeit- und Arbeitsplanung auf Mikro- und Makroebenen müssen Sie einen konkreten Endtermin festlegen und ihre zur Verfügung stehende Zeit berechnen und in überschaubare Einheiten aufteilen. Nachfolgend ist beschrieben, wie man einen Zeit- und Arbeitsplan erstellen und auch bei der Mikroplanung die Übersicht behalten kann (vgl. hierzu Bünting et al. 1997; Nitsch et al. 1994; Kruse 1997).

Makroplanung

1. Berechnen Sie Ihr Zeitkontingent. Planen Sie dabei besondere Ereignisse, Urlaubszeiten, Wochenenden u. Ä. ein, machen Sie eine realistische Berechnung!

Beispiel

Zur Verfügung stehende Zeit	03.07.–25.08.	8 Wochen, 5 Tage
Urlaub	24.07.–30.07.	− 1 Woche
Geburtstagsfest Oma	11.08.–12.08.	− 2 Tage
Freie Tage (Wochenende)	7 Tage	− 1 Woche
Zeitkontingent		**6 Wochen, 3 Tage**

2. Für die Erstellung eines konkreten Zeitplans sollte die zur Verfügung stehende Zeit zunächst gleichmäßig auf die ›Phasen einer wissenschaftlichen Arbeit‹ verteilt werden. Als Grundeinheit für die Planung einer Arbeit eigenen sich Wochen, kleinere Arbeitsschritte können auch in Tagen berechnet werden.

3. Im nächsten Schritt wird der Zeitplan der spezifischen eigenen Arbeit angepasst, d. h. erfordert die Arbeit zum Beispiel besonders gründliche Recherche oder aufwendige Datenerhebung, sollte hier natürlich mehr Zeit eingeplant werden. Erfahrungsgemäß werden die erste Orientierungs- und Planungsphase sowie die Überarbeitungs- und Endkorrekturphase häufig hinsichtlich des erforderlichen Zeitaufwandes unterschätzt.

4. Am Ende sollten Sie den Zeitplan konkret auf den Kalender übertragen, d. h. konkrete Daten für den Beginn und das Ende von Arbeitsphasen festhalten.

5. Überarbeiten Sie Ihren Zeit- und Arbeitsplan, wenn sich inhaltliche Änderungen bei ihrem Arbeitsvorhaben ergeben und/oder wenn Sie langsamer oder schneller sind als angenommen.

Mikroplanung: Methode ›Arbeitszettel‹: Planen Sie Ihre ›Tagesarbeit‹ ca. eine Woche im Voraus. Schreiben Sie sich für jeden Tag einen oder mehrere Arbeitszettel. Schließen Sie jeden Tag mit dem Schreiben eines Arbeitszettels für den nächsten Tag ab. Am Ende der Arbeitseinheit werden die erledigten Arbeiten auf dem Arbeitszettel abgehakt. Mithilfe der Arbeitszettel lernt man, die für bestimmte Arbeiten erforderliche Zeit realistisch einzuschätzen.

Arbeitszettel für Freitag, 12.5. / 14–18 Uhr   Beispiel

- Durchsicht der Artikel von A, B, C und entscheiden, ob sie für die Arbeit relevant sind.
- Exzerpieren des Artikels von O. Bedeutsam
- Rückgabe Bücher, Abholen Fernleihe

4.2 | Arbeitsphasen einer geisteswissenschaftlichen Arbeit

Orientierungs- und Planungsphase   Modell
- Thema erkunden: eigenes Wissen aktivieren
  - Seminar-Unterlagen, -Pläne, -Handouts und -Mitschriften anschauen,
  - andere Personen befragen, mit Anderen über das Thema sprechen,
  - alle Arten von Informationsquellen zum Thema nutzen,
  - kreative Techniken verwenden (z. B. Brainstorming, Cluster, Mindmap, W-Fragen)
- Erste Literaturrecherche bezüglich Fachliteratur/fachlicher Quellen und Literatur- bzw. Quellenbeschaffung
- Erste Sichtung/Relevanzprüfung der Literatur
- Sich-Einlesen ins Thema (d. h. sowohl kursorisches, überblicksartiges als auch teilweise schon vertiefendes Lesen)
- Thema eingrenzen
- Fragestellung entwickeln, Zielsetzung formulieren
- Methodische Vorgehensweise konzipieren
- ggf. erste Probeanalyse an einem Ausschnitt des Materials
- Erste Gliederung entwickeln

Abstimmungsphase
- Exposé oder erste Version der Einleitung (inklusive erster Gliederung) schreiben
- Erste Literaturliste erstellen
- Beratung/Absprache mit dem Dozenten/der Dozentin bezüglich der Fragestellung

- Rahmen klären (v. a. Umfang der Hausarbeit, gewünschte formale Gestaltung, Termine, Möglichkeit weiterer Beratung)
- Weitere Literaturhinweise (v. a. die aus Sicht des Dozenten/ der Dozentin unbedingt zu berücksichtigende Literatur) erfragen

Systematische Literaturrecherche und -bearbeitung

- Systematische, gezielte Literatur-/Quellenrecherche und -beschaffung
- Relevanzprüfung der Quellen hinsichtlich Frage-/Problem-/Aufgabenstellung
- Systematisches Lesen und Auswerten, v. a. durch Notizen-Machen und Exzerpieren

Methodisches Vorgehen präzisieren und ggf. Material/Daten sammeln

- Methodisches Vorgehen, Systematik der Arbeit bestimmen und beschreiben
- Bei material-/textkorpusbasierten oder mit einer eigenen Datenerhebung verbundenen Arbeiten:
  ggf. geeignete Erhebungsmethode für die Daten bestimmen
  ggf. inhaltlich sinnvolle Auswahlkriterien für herangezogenes Material spezifizieren
- Analyse-/Auswertungsmethode(n) konkretisieren, Analysekategorien, -perspektiven, -dimensionen genauer erarbeiten und hinreichend ausführlich beschreiben
- ggf. Sammlung/Zusammenstellung von Interpretations-/Analysematerial, ggf. größeres eigenes Untersuchungskorpus erstellen, ggf. eigene Datenerhebung durchführen

Analysieren, interpretieren, strukturieren

- Bei material-/datenbasierten Arbeiten: Systematisch analysieren/ interpretieren/auswerten
- In Bezug auf bearbeitete Begriffe, Theorien, Studien, Modelle, Untersuchungen, Ansätze entsprechend den Erfordernissen der Fragestellung: strukturieren, ordnen, differenzieren, Beziehungen herstellen, kategorisieren, typisieren, vergleichen, entfalten, kritisch reflektieren etc.
- Erarbeiten der detaillierten Gliederung, ggf. Zuspitzung/Präzisierung der Fragestellung

Rohfassung erstellen

- Formulieren einer Rohfassung
- ggf. rückwirkende Veränderung der Struktur/Gliederung

Überarbeitung

- Feedback von ›Testleserinnen/Testlesern‹ einholen
- Editieren **hinsichtlich des ›roten Fadens‹:** Überleitungen, Einleitungen, Konsistenz
- Editieren hinsichtlich **Vollständigkeit, Tempo des Textes, Gewichtung** der Kapitel
- Editieren **hinsichtlich der wissenschaftlichen Standards**, v. a. bezüglich der Darstellungs- und Argumentationslogik, der Begrifflichkeit/ Fachterminologie, der textinternen Belege und des Quellen- und Literaturverzeichnis

- Editieren hinsichtlich **sprachlicher Gesichtspunkte:** Verständlichkeit, Lesbarkeit (Komplexität und Länge von Sätzen), stilistische Angemessenheit/fachlicher Stil, Kohärenz

Abschließende Korrektur
- Korrekturlesen: Layout
- Korrekturlesen: Grammatik
- Korrekturlesen: Zeichensetzung und Orthographie
- Überprüfen von Verweisen, Zitaten, Quellen
- Reinschrift
- Endkorrektur

4.3 | Recherche

4.3.1 | Was ist eine wissenschaftliche/fachspezifische Quelle?

Unbedingt notwendig für eine wissenschaftliche Hausarbeit ist die Verwendung von Fachliteratur des jeweiligen Faches. Wissenschaftlich sind Quellen, die den wissenschaftlichen Standards des jeweiligen Faches formal und inhaltlich-methodisch entsprechen. Bei Fachzeitschriften und Fachverlagen werden die Beiträge in der Regel ›reviewed‹, d. h. von Wissenschaftlerinnen und Wissenschaftlern des Faches hinsichtlich ihrer fachlichen Qualität begutachtet. Bei erfolgreich angenommenen Qualifikationsarbeiten wie Dissertations- und Habilitationsschriften ist immer eine ausführliche fachliche Begutachtung erfolgt, sie sind ebenfalls als Quellen für wissenschaftliche Arbeiten geeignet.

Was ist Fachliteratur?

Autor/innen: Bei Fachliteratur handelt es sich um Texte, bei denen die Autor/innen im betreffenden **Fach qualifiziert** und **forschend** tätig sind.
Adressatenkreis: Ein wissenschaftlicher Text richtet sich an ein **Fachpublikum** mit entsprechendem Wissen und spezifischen fachlichen Interessen.
Textsorten: Bei Fachliteratur handelt es sich um Texte, die in Form einer wissenschaftlichen Textsorte vorliegen (dies gilt auch für die Online-Publikationen), d. h. der Text wurde nach speziellen Anforderungen und Konventionen erstellt. Ein Text dieser Art ist insbesondere

- **ein Aufsatz, der in einem Sammelband** in einem wissenschaftlichen Fachverlag erschienen ist;
- **ein Aufsatz, der in einer Fachzeitschrift** erschienen ist;
- **eine Monographie, die in einem Fachverlag** erschienen ist;
- **ein Projektbericht** eines wissenschaftlichen Projektes;
- **eine Rezension** eines Werkes in einer Fachzeitschrift;
- **eine veröffentlichte Qualifikationsschrift** (Dissertations-/Habilitationsschrift als Print oder Online)

Zum Begriff

Je nach gewähltem Thema können auch wissenschaftliche Nachbardisziplinen relevant sein. Dies sind z. B. in der Germanistik häufig (Sprach-) Philosophie, Soziologie, Geschichte oder Kultur- und Medienwissenschaft. In welchem Umfang nicht-fachspezifische wissenschaftliche Literatur sinnvollerweise herangezogen werden kann, besprechen Sie am besten mit der betreuenden Dozentin/dem betreuenden Dozenten. Grundlage Ihrer Arbeit muss jedoch immer die Fachliteratur des Faches sein, in dem Sie die Arbeit schreiben.

Ebenfalls notwendig für die wissenschaftliche Arbeit sind allerdings häufig allgemeinere Fakten und Daten oder auch der Wortlaut von Gesetzen. Hier muss auf seriöse Quellen zurückgegriffen werden, wie z. B. Informationen des Statistischen Bundesamtes oder von Ministerien.

Nicht zitierfähige Quellen: Nicht als fachliche Quellen herangezogen werden können dagegen z. B. alle Arten von Ratgebern sowie populärwissenschaftliche Artikel und Bücher.

Artikel aus nicht-fachlichen Zeitschriften und Zeitungen (z. B. aus der *ZEIT* oder dem *Spiegel*) sind in der Literaturwissenschaft zulässig, wenn es sich z. B. um Rezensionen zu literarischen Werken oder Autoreninterviews handelt, in anderen Fächern gelten sie in der Regel als nicht-fachliche Quellen.

Ebenfalls nicht zitierfähig sind Seminarunterlagen und Handouts aus dem Internet (egal ob mit oder ohne Verfassernamen), Wikipedia-Artikel und alle Arten von Internet-Informationen, die nicht als Online-Publikation eines Fachverlages oder in einem universitätseigenen Verlag erschienen sind.

Keine Fachquelle sind auch die im GRIN-Verlag publizierten Hausarbeiten. Hausarbeiten und Bachelorarbeiten sind generell nicht zitierfähig. Magister- und Master-Arbeiten, die publiziert worden sind, können u. U. herangezogen werden – sprechen Sie hier mit Ihrem Dozenten/ihrer Dozentin, ob er/sie diese Werke als Quelle akzeptiert.

Gegenstände der Untersuchung: Die sogenannten **Primärquellen** (s. dazu auch Kapitel 5.4.1), die Gegenstand Ihrer Betrachtung sind, können dagegen sehr vielfältig sein, z. B. Jugendromane, Schulbücher, verschiedenste Arten von Ratgebern, Zeitungsartikel, Internetseiten, YouTube-Kommentare, Blogs, Briefe, Werbeanzeigen, E-Mails, Broschüren, Protokolle, Kundenzeitschriften, Filme, Stellenanzeigen, Tweets u. v. a. m.

Wie kann man nun aber beurteilen, ob es sich bei einem recherchierter Titel um Fachliteratur handelt? Die folgende Auflistung erleichtert Ihnen die Einschätzung.

Wie erkennt man Fachliteratur?

Standards: Fachliteratur entspricht den Standards wissenschaftlicher Veröffentlichungen, leicht erkennbar sind z. B. korrekte Belege im Text bei allen Zitaten und Übernahmen (in Form von Fußnoten oder Klammern) sowie ein vollständiges Literatur- und Quellenverzeichnis, Tabellen- und Abbildungsverzeichnisse und eine detaillierte Gliederung.

Eigene Kenntnisse und Vertrautheit mit dem Themengebiet: Wenn Sie sich in ein Themengebiet eingearbeitet haben, werden Sie in der Regel schon durch die Lektüre von fachlichen Überblickswerken, Einführungen, Lehrbüchern, Fachlexika und Handbüchern schnell feststellen können, dass bestimmte Namen immer wieder genannt werden und merken, welche wissenschaftlichen Autorinnen und Autoren in einem bestimmten Gebiet zu den ›Klassikern‹ gehören und/oder besonders viel zu bestimmten Themen geforscht und veröffentlicht haben. Auch die Literatur, die im Seminar empfohlen, bearbeitet und im Seminarplan oder auf seminarbezogenen Literaturlisten aufgeführt wird, bildet einen kleinen Grundstock an Fachliteratur.

Fachzeitschriften: In ausgewiesenen Fachzeitschriften erschienene Aufsätze sind Fachliteratur. Die Titel der wichtigen Zeitschriften des Faches sollte man kennen. Bei spezielleren Zeitschriften erschließt sich der Fachbezug häufig über den Titel sowie die Selbstdarstellung der Zeitschrift.

Reihen: Häufig gibt es fachspezifische Reihen zu bestimmten fachlichen Themengebieten, die man im Lauf der Zeit kennenlernt. Häufig wird jedoch schon am Titel der Reihe erkennbar, welchem Fach man das Werk, das in der Reihe erschienen ist, zuordnen kann. Beispiele sind hier etwa *Reihe Germanistische Linguistik – Quellen und Studien zur Philosophie – Linguistik. Impulse & Tendenzen – Themen der Italianistik – Forum deutsche Literatur – Studien zur Literatur- und Kulturwissenschaft Narratologia – Studies in English Language Teaching – DRAMA – Studien zum antiken Drama und seiner Rezeption.*

Autoreninformation: Häufig finden sich bei Monographien und Sammelbänden Informationen zu den Autor/innen. Hier zeigt sich dann, ob es sich um Wissenschaftlerinnen und Wissenschaftler des gesuchten Faches handelt.

Klappentext/Innentext: Im Klappentext oder Innentext wird häufig explizit die wissenschaftliche Disziplin benannt, der ein Werk zuzurechnen ist und Information über die jeweiligen Autorinnen und Autoren gegeben.

Wissenschaftliche Verlage: Bestimmte Verlage haben ausschließlich wissenschaftliche Literatur im Programm und sind oft auf bestimmte Fächer spezialisiert. So erscheinen z. B. viele (aber natürlich nicht alle) Werke aus den philologischen Fächern bei De Gruyter, Lang, J. B. Metzler, Narr, transcript, Schöningh, UTB, Winter oder bei Königshausen & Neumann, Wallstein und dem LIT Verlag.

4.3.2 | Recherchewege und -methoden

Für die Recherche von passender Fachliteratur gilt grundsätzlich: Es reicht oft nicht aus, in den Beständen der eigenen Universitätsbibliothek oder Instituts-/Seminarbibliothek zu recherchieren, häufig ist eine sogenannte ›Fernleihe‹, das heißt das (kostenpflichtige) Ausleihen von Büchern aus anderen Bibliotheken, erforderlich. Sehr effektiv ist hierbei, falls möglich, eine Recherche über die DigiBib (=Digitale Bibliothek, Erklärung s. unten); viele Hochschulen in Deutschland sind Partner bei DigiBib.

Hochschulbibliotheken haben zudem häufig Kooperationen mit den Landesbibliotheken, sofern diese vor Ort sind. Auch dort kann Fachliteratur recherchiert und direkt entliehen werden, z. T. kann man das auch direkt über die eigene Universitätsbibliothek tun.

Tipp

> Machen Sie in jedem Fall eine Bibliotheksführung in Ihrer heimischen Bibliothek mit, **bevor** Sie Ihre erste Hausarbeit beginnen! Nehmen Sie unbedingt an den dort angebotenen Einführungskursen für das Recherchieren teil und machen Sie sich kundig, wie Sie eine Fernleihbestellung ausführen. Wenn Ihre Bibliothekseinführung länger zurückliegt und Sie sich (wieder oder noch) unsicher fühlen, nehmen Sie erneut an einer Einweisung teil. Ohne fundierte Kenntnisse der Recherchemöglichkeiten und -systeme ist eine sinnvolle Literatursuche nicht möglich (vgl. dazu auch Franke et al. 2014).

Verschiedene Recherche-Wege

- Recherche im Katalog der eigenen Universitätsbibliothek und ggf. in der Instituts-/Seminar-Bibliothek über das jeweilige computergestützte Recherchesystem (dieses heißt oft OPAC – Online Public Access Catalogue).
- Verbundkataloge: Über das Recherchesystem einer Hochschule hat man normalerweise auch Recherche-Zugang zu den Beständen anderer Bibliotheken über die sogenannten Verbundkatalogen (gemeinschaftliche Bibliothekskataloge mehrerer Bibliotheken). Recherchierte Bücher und Texte können dann per Fernleihe bestellt werden.
  Man kann in den Verbundkatalogen auch direkt recherchieren, z. B. im HBZ, dem Verbundkatalog der Hochschulbibliotheken Nordrhein-Westfalens und eines großen Teils von Rheinland-Pfalz (http://okeanos-www.hbz-nrw.de/F/) oder im SWB, dem Online-Katalog des Südwestdeutschen Bibliotheksverbandes (http://swb.bsz-bw.de).
- Überregionale Recherche über Karlsruher virtueller Katalog (KVK)
  Der KVK ist eine Meta-Suchmaschine zum Nachweis von mehr als 500 Millionen Büchern, Zeitschriften und anderen Medien in Bibliotheks- und Buchhandelskatalogen weltweit. Die eingegebenen Suchanfragen werden an mehrere Bibliothekskataloge gleichzeitig weitergereicht und die jeweiligen Trefferlisten angezeigt. Recherche ist über https://kvk.bibliothek.kit.edu möglich.
- Recherche im Katalog der Deutschen Nationalbibliothek: Die Deutsche Nationalbibliothek hat die Aufgabe, alle deutschen und deutschsprachigen Publikationen ab 1913 zu sammeln, zu archivieren, bibliograisch zu verzeichnen und der Öffentlichkeit zur Verfügung zu stellen. Recherche im Online-Katalog ist über http://www.dnb.de/DE/Home/home_node.html möglich.
- Überregionale Recherche in der Digitalen Bibliothek (DigiBib)
  Auch bei DigiBib werden gleichzeitig zahlreiche Bibliothekskataloge, Bibliographien und Literaturdatenbanken durchsucht. Es können in der

Voreinstellung thematisch passende Bereiche/Datenbanken ausgewählt werden. Es gibt bei der DigiBib-Recherche sofort Informationen zur Verfügbarkeit der einzelnen Titel und die Möglichkeit der direkten Online-Fernleihe (Genaueres s. unten). Informationen erhalten sie unter https://www.digibib.net/Digibib.

- **Gezielte Recherche in allgemeinen Fachbibliographien** (online oder in Buchform) – eine solche Fachbibliographie ist z. B. die ›Bibliographie der Deutschen Sprach- und Literaturwissenschaft (BDSL), die online unter dem Link www.bdsl-online.de zur Verfügung steht.
- **Gezielte Suche in themenspezifische Fachbibliographien** wie z. B. in den vom Institut für deutsche Sprache herausgegebenen, themenspezifischen *Studienbibliographien Linguistik*.
- **Schneeballsystem**, d. h. das Literaturverzeichnis von einschlägigen Büchern und Aufsätzen, die man bereits gefunden hat, vollständig (!) nach weiteren einschlägigen Titeln durchsuchen.
- **Personenrecherche:** Wenn man weiß oder entdeckt hat, dass ein/e Wissenschaftler/in einschlägig zum gesuchten Themengebiet gearbeitet hat, lohnt es sich häufig, auf der Homepage die Publikationsliste der betreffenden Person nach weiteren und neueren Veröffentlichungen und ggf. einschlägigen Co-Autorinnen bzw. Co-Autoren und Projekten zum Thema zu durchsuchen.
- **Seminarunterlagen und Literaturlisten**, die im Seminar zur Verfügung gestellt wurden, gründlich durchsehen und auswerten. Wird im Seminarplan z. B. ein Artikel aus einem für das Thema einschlägigen Sammelband aufgeführt, lohnt es sich häufig, den ganzen Sammelband zu prüfen.
- **Fachlexika, Handbücher und Sachwörterbücher, Überblickswerke und Einführungen** bezüglich des Fachgebietes und ggf. bezüglich eines bestimmten Themengebietes heranziehen, dort finden sich in aller Regel Verweise auf grundlegende Literatur zum Thema.
- **Themenbezogene Fachzeitschriften** (teilweise online zugänglich und recherchierbar) haben in der Regel Registerbände, in denen man nach Schlagwörtern suchen kann.
- **Arbeitsbibliographien** einzelner Forscherinnen und Forscher oder Bibliographien aus Projekten finden sich bisweilen auch frei zugänglich im Internet.
- **In den einschlägigen Fachportalen und Datenbanken** zum gesuchten Themengebiet recherchieren.
- **Verzeichnis lieferbarer Bücher (VLB):** Der laufend aktualisierte Katalog des deutschen Buchhandels ist unter https://www.buchhandel.de/suche einsehbar.
- **Freie Recherche im Internet:** Hierbei können interessante Treffer erzielt werden, sofern man sich sicher ist, dass es sich um wissenschaftliche Fachliteratur handelt (s. Kapitel 4.3.1). Bei Verlagen und Online-Buchhändlern oder bei der Suche über Google Books ist häufig eine ›Blick ins Buch‹ als Leseprobe möglich, bei Google Books z. T. Vollanzeige.
- **Zitationsdatenbanken/Suchmaschinen für wissenschaftliche Literatur:** Eine kostenlose Suchmaschine für wissenschaftliche Literatur stellt *Google Scholar* dar, die Zitationsdatenbanken *Scopus* und *Web of Science* sind kostenpflichtig.

Tipp | Beispielhaft können Sie Quellenangaben und Links für die Recherche im Bereich Germanistik (Literaturwissenschaft/-didaktik und Sprachwissenschaft/-didaktik) im Anhang in Kapitel 7.3 einsehen. Sie finden dort Angaben zu Fachlexika, Bibliographien, Handbüchern und Überblickswerken, eine Auswahl wichtiger Fachzeitschriften und Periodika sowie Links zu Online-Bibliographien und Fachportalen.

Für andere Fächer sollten Sie bei der Recherche analog vorgehen, Hilfe zum fach- und themenbezogenen Recherchieren finden Sie auch in entsprechenden Publikationen. In *Literatur recherchieren in Bibliotheken und Internet* von Franke et al. (2014) bekommen Sie z. B. genaue Anleitungen zu Suchstrategien (wie einfache und erweiterte Suche in computergestützten Recherchesystemen, Schlagwort- und Stichwortsuche oder Möglichkeiten der gezielten Suche mithilfe von Wildcards/Trunkierung).

DigiBib – Die Digitale Bibliothek

DigiBib ist eine sehr komfortable Recherchemöglichkeit und wird deshalb hier etwas genauer vorgestellt. Die Digitale Bibliothek (DigiBib) ist ein Internet-Portal, das einen gebührenfreien Zugang zu elektronischen Fachinformationen ermöglicht. Es handelt sich um ein gemeinsames Angebot aller Hochschul-Bibliotheken des Landes Nordrhein-Westfalen und des Hochschulbibliothekszentrums (HBZ). DigiBib bietet Zugriff auf

- (nationale und internationale) Bibliothekskataloge und Bibliographien,
- Fachdatenbanken,
- Elektronische Volltexte,
- und die Online-Fernleihe.

Die DigiBib steht allen Bürger/innen zur Verfügung. Hochschul-Bibliotheken, die Teilnehmer der DigiBib sind, bieten ihren Nutzern jedoch eine sogenannte »lokale Sicht« an, die die fachlichen Schwerpunkte der Hochschule widerspiegelt. Neben den kostenfreien Informationen werden den Nutzern dann auch kostenpflichtige Datenbanken und Volltexte angeboten, falls die betreffende Bibliothek eine Lizenz dafür erworben hat.

Hat man ein persönliches Login von seiner Bibliothek erhalten, kann man am eigenen PC recherchieren, Bestellungen und Vormerkungen tätigen oder eine Fernleih- oder Dokumentlieferbestellung aufgeben. Man hat auch Zugang zur Linksammlung »DigiLink«, die frei verfügbare Informationen für die unterschiedlichsten Wissensgebiete aufspürt. Im Informationsflyer von DigiBib (www.hbz-nrw.de/produkte/digibib-loesungen/digibib) wird der Ablauf einer DigiBib-Recherche wie folgt dargestellt:

»Der Einzeltreffer liefert zusätzliche Informationen, evtl. Abstracts, Inhaltsverzeichnisse und Angaben zum Standort. Über einen Link zum Katalog Ihrer Bibliothek haben Sie ggf. die Möglichkeit, den Titel zu bestellen oder vorzumerken. Bei elektronischen Quellen führt ein entsprechender Link zum Volltext. Anhand der Verfügbarkeitsrecherche wird Ihnen aufgezeigt, wie Sie zu Ihrer Literatur gelangen: ob der Titel online zur Verfügung steht oder ob er sich im Bestand Ihrer Bibliothek befindet. Besitzt Ihre eigene Bibliothek diesen Titel nicht, wird ermittelt, welche andere Bibliothek ihn über die Online-Fernleihe bereitstellen kann. Bei Büchern wird Ihnen ebenso die Kaufmöglichkeit über Online-Buchhändler angeboten.«

Ob Ihre Hochschul-Bibliothek oder andere Bibliotheken Partner von Digi-Bib ist, erfahren Sie unter www.hbz-nrw.de/produkte/digibib-loesungen/digibib/partner-der-digibib und natürlich bei Ihrer Bibliothek selbst.

4.3.3 | Auswertung der Recherche-Ergebnisse

Hat man Literatur recherchiert und beschafft, muss man zunächst sicher sein, dass es sich um Fachliteratur handelt (s. hierzu Kapitel 4.3.1).

Im nächsten Schritt gilt es zu prüfen, ob die vorliegende Literatur relevant für den gewählten Themenbereich oder, schon spezieller, für die gewählte Fragestellung ist. Eine Hilfe hierbei ist die sog. Relevanzprüfung, die in der nebenstehenden Abbildung beschrieben ist (leicht verändert nach Stary/Kretschmer (1994, S. 48) und Topsch (2006, S. 52)).

Es ist gerade am Anfang der Recherche ganz normal, dass sich viele Titel als nicht einschlägig für das Thema erweisen und für die Hausarbeit gar nicht mehr berücksichtigt werden. Etliche der ausgeliehenen Bücher gehen also ziemlich schnell wieder zurück, mancher Aufsatz wurde ›umsonst‹ bestellt, viele in der Bibliothek gesichteten Werke werden Sie rasch wieder ins Regal stellen. Erfolgreiche Recherche und sinnvolle Literaturauswahl sind eine eigene Leistung, die von Ihnen bereits Entscheidungs- und Fachkompetenz erfordert.

Zu schwierig? Bisweilen wird Ihnen recherchierte Literatur noch als ›zu schwierig‹ erscheinen. Sortieren Sie diese Titel – vor allem wenn sie thematisch sehr einschlägig sind – nicht ganz aus, sondern notieren Sie sich die Angaben zum Text und schauen Sie sich diesen zu einem späteren Zeitpunkt noch einmal an. Wissenschaftliche Texte erschließen sich oft nicht beim ersten Lesen und wenn man sich in den Themenbereich und Forschungskontext mit Hilfe ›leichterer‹ Texte eingearbeitet und Fachtermini geklärt hat, können auch anfangs ›schwierige‹ Texte verständlich werden.

Relevanzprüfung erste Stufe
- Titel und Untertitel bewusst lesen
- Klappentext/Innentext lesen
- falls vorhanden: Abstract lesen
- Inhaltsverzeichnis lesen
- Literaturverzeichnis prüfen
- Stichwort- und Personenverzeichnis prüfen

Entscheiden: Relevant oder nicht? Nur relevante Quellen auf **zweiter Stufe** prüfen!

Relevanzprüfung zweite Stufe
- Einleitung lesen
- Schluss lesen
- ein oder mehrere Kapitel anlesen
- ggf. Kapitelzusammenfassungen/Zwischenfazit lesen

Entscheiden: Relevant oder nicht? Nur relevante Quellen weiter bearbeiten!

Textauswertung vornehmen (s. dazu Kapitel 4.5.4)

Abb. 4.1: Relevanzprüfung

4.4 | Das Konzept der Hausarbeit

Jede Hausarbeit braucht zunächst ein Grundkonzept, das in der weiteren Bearbeitung ständig angepasst und überarbeitet wird. Die folgenden Tipps werden Ihnen helfen, Ihre Hausarbeit auch konzeptionell an wissenschaftliche Anforderungen anzupassen.

4.4.1 | Fragestellung entwickeln

Ihre Arbeit braucht als wichtigstes Element eine eindeutige Frage-/Problem-/Aufgabenstellung. Dies wurde bereits in Kapitel 1 betont, da die Fragestellung das Grundgerüst Ihrer Arbeit darstellt. Sie sollten klar formulieren können, was Sie – mit welchen Mitteln und welchem Ziel – ›herausfinden‹, ›herausarbeiten‹ oder ›analysieren‹ wollen. Dies erweist sich oft als die schwierigste Aufgabe bei der Anfertigung einer Hausarbeit und soll daher im Folgenden ausführlicher thematisiert werden.

Die ›gute Fragestellung‹ hat nach Rienecker (1999, S. 98) folgende Charakteristika:

- interessiert den Autor/die Autorin
- ist relevant für das Thema
- macht es möglich, einen bestimmten Punkt zu diskutieren
- ist in Form einer Frage oder einer Behauptung formuliert
- hat eine klare Hauptfrage (und eventuell Unterfragen)
- ist präzise formuliert
- wird klar in der Einleitung herausgestellt

Ohne Input kein Output!

Eine gute Fragestellung kann man nur entwickeln, indem man sein **Thema erforscht**, sich **Wissen aneignet** und einen **Überblick verschafft**. Je mehr Sie bereits über das Thema wissen, umso interessantere Fragen können Sie stellen.

Vorhandene Information: Die Grundlage bildet im Allgemeinen die Information aus dem Seminar, das Sie zum Thema besucht haben: Hier wird der Themenbereich strukturiert, es werden verschiedene Aspekte eines Themenbereichs behandelt und diskutiert, grundlegende theoretische Ansätze und ggf. Analysemethoden und -perspektiven vermittelt, Texte gemeinsam gelesen und Literaturhinweise und -listen zur Verfügung gestellt.

Eigene Themenerkundung: Darüber hinaus muss man aber auch seinen eigenen, gewählten Themenbereich selbst erkunden, vor allem, indem man ausführlich **Literatur** zum Thema recherchiert, auswertet und ggf. liest (s. hierzu die Relevanzprüfung in Kapitel 4.3.3).

Beispiele auswerten: Eine Idee davon, was eine wissenschaftliche Fragestellung darstellt, kann man auch bekommen, wenn man bewusst wissenschaftliche **Fachaufsätze zum angestrebten Thema** als Beispiele anschaut und hier, vor allem am Anfang des Textes und beim Abstract, darauf achtet, wie der Autor/die Autorin beschreibt, welche Fragestellung er/sie mit welchen Mitteln und welchem Ziel bearbeitet.

Fachliche Beratung: Hat man eine erste Fragestellung entwickelt, sich ins Thema eingelesen und eine erste Literaturliste erstellt, kann man gut vorbereitet in die **Sprechstunde** gehen. Die Beratung durch den betreuenden Dozenten/die betreuende Dozentin sollten Sie unbedingt in Anspruch nehmen! Das Thema sollte in jedem Fall mit dem Dozenten/der Dozentin vor Einreichung der Hausarbeit abgesprochen sein.

Sprechstunden-Exposé: Um sich über sein eigenes Konzept klar zu werden und möglichst viel Nutzen aus der Beratung in der Sprechstunde zu ziehen, ist es vorteilhaft, ein Kurzexposé zu schreiben – dies wird häufig auch von dem/der Dozent/in als Vorbereitung auf den Sprechstundenbesuch verlangt (zur ähnlichen Textsorte ›Blitzexposé‹ vgl. auch Frank et al. 2013, S. 28 f.).

Was gehört in ein Sprechstunden-Exposé?

- Fragestellung (Was soll ›herausgefunden‹ werden? Was will ich wissen?)
- Erkenntnisinteresse (Warum wird genau diese Frage behandelt, warum ist dies wissenschaftlich oder anwendungsbezogen interessant?)
- Ziel (Was soll das Ergebnis Ihrer Arbeit sein?)
- Vorgehensweise (Was wollen Sie in welcher Reihenfolge tun, um Ihre Fragestellung zu bearbeiten (z. B. Forschungsliteratur auswerten, eigene Analyse, eigene Datenerhebung)?
- Auf welche Theorien, Konzepte, Modelle, (Analyse-)Methoden greifen Sie für die Bearbeitung der Fragestellung zurück?
- Welches Material wollen Sie ggf. heranziehen?
- erste Grobgliederung
- bisher recherchierte Literatur
- Zeitplan

Checkliste

Was kann man über das Lesen von Fachliteratur hinaus tun, um Ideen für eine Fragestellung zu bekommen? Im Folgenden finden Sie einige Methoden und viele Beispiele, die Ihnen helfen können.

4.4.1.1 | Kreative Methoden zur Erkundung des Themas

Nützlich (aber nicht allein ausreichend) sind auch kreative Techniken, um Ideen zu sammeln und das Thema zu erkunden und zu strukturieren.

Das Thema befragen: Fragen ans Thema zu stellen ist bereits in der antiken Rhetorik als eine Methode der ›Inventio‹ bekannt. Sie können diese Methode nutzen, um spielerisch und ganz frei Aspekte Ihres Themas zu erkunden. Es kommt nicht darauf an, mit dieser Methode gleich die Fragestellung zu formulieren, sondern Ideen zu bekommen, in welche Richtungen man in Bezug auf das Thema denken kann.

Wer? – Wer hat das erste Mal von X gesprochen? Wer ist der wichtigste Vertreter/die wichtigste Vertreterin von X? Wer hat Gegenpositionen und Kritik zu X formuliert? Wer beschäftigt sich mit X? etc.

Was? – Was ist eigentlich X? Was wurde bisher bereits zu X herausgefunden? Was versteht Y unter X? etc.

Wie? – Wie unterscheiden sich X und Y? Wie hat sich X entwickelt? Wie kam es zu X? Wie lässt sich X bestimmen? Wie häufig kommt X vor? etc.

Welche? – Welche verschiedenen Aspekte hat X? Welche Formen hat X? Welche Funktionen hat X? Welche Gemeinsamkeiten haben X und Y? Welche Ebenen/Bereiche stehen mit X in Zusammenhang? etc.

Wann? – Wann hat die X/die Entwicklung von X angefangen? Wann wurde X zuerst beobachtet/erforscht? Wann war X zu Ende? etc.

Wie lange? – Wie lange gibt es X schon? Wie lange spricht man schon von X? Wie lange wird es X noch geben? etc.

Wie oft? – Wie oft kommt X in Y vor? Wie oft verwendet Y den Ausdruck X? Wie oft wird X in der Praxis beobachtet? etc.

Wo? / Woher? – Wo kann X angewendet werden? Wo wurde X bereits angewendet? Wo wurde X das erste Mal beobachtet? Woher stammt X? etc.

Warum? – Warum kommt es zu X? Warum ist X ein Thema der Forschung geworden? Warum wird X bekannt/populär? Warum plädiert Y für X? Warum wird X so negativ/positiv beurteilt? etc.

Wozu? – Wozu wird X untersucht/erforscht? Wozu kann X nützlich sein? etc.

Worüber? – Worüber sind sich alle einig in Bezug auf X? Worüber herrscht Dissens in Bezug auf X? Worüber wurde noch nicht geforscht in Bezug auf X? etc.

Auf welche Weise? – Auf welche Weise lässt sich X erforschen/beobachten? Auf welche Weise lässt sich X konzeptualisieren/modellieren/beschreiben? etc.

Entscheidungsfragen – Stimmt es eigentlich, dass X? Kommt X in Y vor? Sind bestimmte Formen von X typisch? Hat sich X verändert? Ist X für die Praxis anwendbar? Gibt es X überhaupt? Unterscheiden sich X und Y? Sind sich X und Y ähnlich? War die Anwendung von X erfolgreich? Gibt es Alternativen/andere Ansätze/Modelle in Bezug auf X als die bekannten? etc.

Sich selbst befragen: Zur ersten Eingrenzung und Ideenfindung können Sie sich selbst fragen, um herauszufinden, wo Ihre Interessen in Bezug auf das Thema liegen. Fragen Sie sich z. B.:

- Worüber habe ich mich bei dem Thema/im Seminar gewundert?
- Was hat mich überrascht?
- Worüber habe ich mich geärgert?
- Worüber habe ich gelacht?
- Worüber habe ich zuvor noch nie nachgedacht?
- Wobei habe ich gedacht: »Das sagen die zwar, aber ...«

- Wobei habe ich gedacht: »Das ist doch wohl zu einfach!«
- Wobei habe ich gedacht: »Warum so kompliziert?«
- Worüber wollte ich eigentlich Genaueres erfahren?
- Was wurde meinem Eindruck nach vernachlässigt oder kam zu kurz?
- Was wurde gar nicht erwähnt?
- Wobei habe ich gedacht, dass das interessant für mich persönlich sein könnte?
- Wobei habe ich gedacht, dass das interessant für meine berufliche Zukunft sein könnte?
- Worüber habe ich auch außerhalb des Seminars noch mit Anderen gesprochen?
- Worüber habe ich ›privat‹ noch weiter nachgedacht?

Mindmap: Diese Methode ist sehr bekannt und ist Ihnen wahrscheinlich bereits aus der Schule bekannt. Man startet mit einem thematischen Begriff und zeichnet ›Zweige‹, die mit den assoziierten Begriffen beschriftet werden. Von den Hauptzweigen können beliebig viele Unterzweige abgehen, die Zweige und Beschriftungen sollen unterschiedlich dick gezeichnet werden, es können Farben und alle anderen Arten von visuellen Gestaltungselementen eingesetzt werden (Skizzen, Bilder, nicht-sprachliche Zeichen etc.).

Das Mindmap eignet sich für sehr viele Zwecke, es dient nicht nur der Entwicklung und Strukturierung von Ideen, sondern kann im Kontext wissenschaftlicher Arbeiten sehr gut als Entwurf für eine Gliederung (s. Kapitel 4.4.5) eingesetzt werden, da es eine Form der Visualisierung darstellt, die sich als hierarchische Ordnung verstehen lässt. Mindmaps können aber auch bei einem frei gehaltenen Vortrag als Gedächtnisstütze und

Abb. 4.2: Mindmap »Zweisprachigkeit« – mithilfe eines Mindmap-Programms erstellt

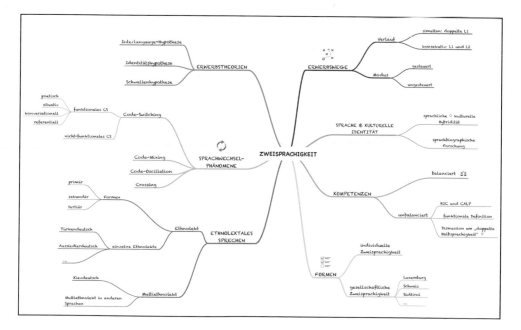

schnell erfassbare Strukturierungsvorlage eingesetzt werden. Viele Beispiele für sehr kreative Mindmaps finden sich in den Veröffentlichungen des Erfinders des Mindmaps, Tony Buzan (vgl. etwa Buzan 2014 oder Buzan/Buzan 2005). Das Mindmap (s. S. 27) verdeutlicht, wie sich wissenschaftliche Themenbereiche mithilfe eines Mindmaps bearbeiten lassen und ist mit einem Mindmapping-Programm erstellt worden.

Es stehen online verschiedene, kostenlose und kostenpflichtige Mindmap-Programme zur Verfügung. Bekannt und bewährt sind z. B. die Opensource-Programme ›FreeMind‹, ›FreePlan‹ und ›Mindmeister‹. Mit diesen Programmen lassen sich Mindmaps erstellen, die man dann als pdf-Datei speichern kann. Bei einigen Mindmap-Programmen kann man aus der Mindmap eine Dezimal-Gliederung erstellten lassen, die die Hierarchie-Ebenen des Mindmaps automatisch in verschiedene Gliederungsstufen umsetzt.

Cluster: Das Clustern ist eine Methode, bei der ein Schreibimpuls entstehen soll, der direkt zu einer ersten Textproduktion führt. Dadurch eignet es sich natürlich zur Themenerkundung, aber auch als Startschreibmethode bei Schreibwiderständen und als Mittel, die ›eigene Stimme‹ beim Schreiben zu finden und sich von den Formulierungen der gelesenen Texte zu lösen. Die Methode wird von Gabriele Rico wie folgt beschrieben:

»Das Clustering ist ein nicht-lineares Brainstorming-Verfahren, das mit der freien Assoziation verwandt ist. Durch die blitzartig auftauchenden Assoziationen, in deren ungeordneter Vielfalt sich unversehens Muster zeigen, wird die Arbeitsweise des bildlichen Denkens sichtbar. [...] Das Verfahren beruht auf der Offenheit für das Unbekannte, auf der Einstellung ›ich bin gespannt, wohin das alles führen wird‹. Es läßt ein scheinbares Chaos zu. Beim Clustering gehen wir davon aus, daß es in Ordnung ist, einfach mit dem Schreiben zu beginnen auch wenn wir uns über das Was, Wo, Wer, Wann und Wie nicht völlig klar sind.« (Rico 1984, S. 27 f.)

Methode   Da die Methode nicht so bekannt ist wie das Mindmappig, wird sie hier kurz vorgestellt. Um ein Cluster zu erzeugen und ins Schreiben zu kommen, geht man wie folgt vor (Rico 1984, S. 35, Einteilung in Schritte H. R.):

1. Beginnen Sie mit einem Kern, den Sie auf eine leere Seite schreiben und mit einem Kreis umgeben.
2. Dann lassen Sie sich treiben, versuchen Sie nicht, sich zu konzentrieren. Folge Sie dem Strom der Gedankenverbindungen, die in Ihnen auftauchen.
3. Schreiben Sie Ihre Einfälle rasch auf, jeden in einen eigenen Kreis und lassen Sie die Kreise ungehindert vom Mittelpunkt in alle Richtungen strahlen, wie es sich gerade ergibt. Verbinden Sie jedes neue Wort oder jede neue Wendung durch einen Strich oder Pfeil mit dem vorhergehenden Kreis.
4. Wenn ihnen etwas Neues oder Andersartiges einfällt, verbinden Sie es direkt mit dem Kern und gehen von dort nach außen, bis auch hier die aufeinander folgenden Assoziationen erschöpft sind.

5. Dann beginnen Sie mit der nächsten Ideenkette wieder beim Kern. [...]
6. Bauen Sie Ihr Cluster weiter aus, indem sie Einfälle, die zusammengehören, durch Striche oder Pfeile verbinden [...]
7. Wenn Ihnen vorübergehend nichts mehr einfällt, dann ›duseln‹ Sie ein wenig – setzen Sie Pfeile ein oder ziehen Sie die Kreise dicker. [...]
8. Schließlich wird Ihnen an irgendeinem Punkt schlagartig klar, worüber Sie schreiben wollen. Hören Sie dann einfach mit dem Clustering auf und fangen Sie an zu schreiben.

Wie ein Cluster in der Praxis aussieht, zeigt die nächste Abbildung. Es kann für alle Zwecke – eben auch wissenschaftliche – genutzt werden.

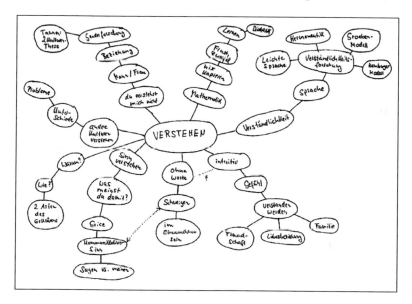

Abb. 4.3: Cluster zum Stichwort ›Verstehen‹

Man kann ein Cluster auch in Form einer Cluster-Reihe zur Fokussierung des Themas nutzen: Das erste Cluster erbringt ein zentrales neuen Stichwort, das dann wieder als Ausgangswort für ein zweites Cluster dient und ggf. wieder ein spezifischeres neues Ausgangswort für ein drittes Cluster erbringt etc. Eine Einführung und Beispiele zum Thema Clustern finden Sie auch online unter http://www.gabrielerico.com.

Freie Visualisierungen: Um Ideen zu verfolgen und zu strukturieren, eignen sich auch alle Arten von selbst gestalteten Diagrammen, Skizzen oder Zeichnungen, mit deren Hilfe Sie versuchen, gedankliche Strukturen und Zusammenhänge durch nicht-sprachliche Mittel zu erfassen und zu verdeutlichen. Die Verwendung von Farben, großformatigen Blättern und verschiedenen Schreibutensilien (wie z. B. Buntstifte, Filzstifte oder Textmarker) können anregend sein.

Brainstorming: Hierbei kommt es – wie beim Free Writing (s. unten) – darauf an, die jeweilige Anleitung ernst zu nehmen d. h. sich an die Zeitvorgaben zu halten und ohne Ablenkung die Idee der Übung umzusetzen. Brainstorming gibt es in vielen Formen, exemplarisch wird eine im Folgenden vorgestellt.

Brainstorming als Assoziationskette: Nehmen Sie sich genau drei Minuten Zeit. Geben Sie sich Ihr Thema als Stichwort vor. Schreiben Sie hintereinander alle Assoziationen auf, jedes neue Wort soll einen Bezug zum vorangegangenen Wort haben.

Freewriting (nach Elbow 1973) führt, wie das Clustern, bereits zu einem ersten zusammenhängenden Text. Nehmen Sie sich zehn Minuten Zeit. Gehen Sie von einem thematischen Stichwort aus und schreiben Sie in Textform alles auf, was Ihnen von Minute zu Minute in den Sinn kommt. Schreiben Sie ohne zu stoppen, schreiben Sie schnell, aber hetzen Sie nicht. Schauen Sie nicht zurück, streichen Sie nichts durch, denken Sie nicht über Rechtschreibung oder Zeichensetzung nach. Fragen Sie sich nicht, was Sie da eigentlich tun. Das Free-Writing kann nicht nur zur Erkundung der Fragestellung sondern auch zur Entwicklung eines groben Schreibkonzeptes, zur Kommentierung von Texten oder zur Bearbeitung von Schreibwiderständen verwendet werden.

Mit Textsorten spielen: Dies bedeutet, Ihre Idee auf neue Weise, aus neuer Perspektive und ohne den Druck, ›wissenschaftlich‹ schreiben zu müssen, zu formulieren. Schreiben Sie einen fiktiven Klappentext für ihr zukünftiges Buch. Formulieren Sie eine knappe und präzise dpa-Zeitungsmeldung, in der ihre erfolgreiche Arbeit hinsichtlich Thema und gewonnener Erkenntnissen als bahnbrechende Neuigkeit präsentiert wird. Verfassen Sie eine lobende Rezension in einer nicht-fachlichen Zeitschrift über ihr zukünftiges Werk oder stellen Sie sich vor, dass Sie ihr Vorhaben Ihrer 10-jährigen Nichte erklären. Das Spielen mit Textsorten ist auch gut geeignet, um sich über das klarzuwerden, was Sie in der Einleitung oder im Fazit sagen wollen.

Mit anderen über ihr Thema sprechen: Sprechen Sie mit Kommilitonen und Kommilitoninnen Ihres Faches, aber auch mit Fachfremden, mit Freundinnen und Freunden oder mit Familienmitgliedern, egal ob beim Mittagessen oder abends beim Bier. Dabei müssen Sie nämlich – in ganz entspannter Form – ihre Gedanken in Worte fassen und bekommen verschiedenartigste Ideen, Anregungen und Fragen zu ihrem Thema zu hören.

Alle Informationsquellen nutzen: Bei der Ideenfindung und Themenerkundung sind zunächst alle Quellen interessant. Sie können z. B. im Internet und in (Fach-)Zeitschriften stöbern oder sich durch Filme, Interviews und Blogs anregen lassen. Wichtig ist nur, dass Sie sich darüber im Klaren sind, was von dem rezipierten Material später tatsächlich als fachwissenschaftliche Quelle verwertbar ist und was nur zur Anregung dienen kann.

4.4.1.2 | Einige Grundkonzepte für Hausarbeiten

Hausarbeiten können sehr vielfältig sein, im Folgenden wird versucht, anhand einiger Beispiele eine Idee von den vielen Möglichkeiten zu geben, die Sie beim Konzipieren einer Hausarbeit, vor allem in philologischen Fächern, haben.

Prinzipiell kann man in philologischen Fächern eine Aufgabenstellung sowohl ausschließlich mithilfe der Forschungsliteratur bearbeiten als auch Texte und andere Quellen/Daten selbst analysieren bzw. interpretieren. Auch im zweiten Fall ist jedoch theoretische Arbeit (wie die Darlegung des Forschungstandes und der gewählten Analysemethoden, -kategorien und -perspektiven) notwendig. Bestimmte Fragestellungen können dabei auch eigene Datenerhebung in kleinerem Rahmen sinnvoll machen.

- Eine Hausarbeit kann sich mit einem **komplexen, zentralen Konzept** eines Themenbereichs unter einer klaren Leitfragestellung auseinandersetzen. Hierbei wird entweder ein interessanter, viel diskutierter Punkt der Auseinandersetzung im Fachdiskurs oder eine bisher wenig behandelte Frage aufgegriffen, z. B. *Gibt es eine Methodik der Motivanalyse?* oder *Ist das Exempel eine literarische Gattung?* oder *Ist ein Chat ein getipptes Gespräch?* | Ideen
- Eine Hausarbeit kann nach **Formen** und den damit verknüpften **Funktionen** bestimmter Phänomene in bestimmten Kontexten fragen, z. B. *Welche Funktionen hat Schweigen in Gesprächen?* oder *Formen und Funktionen des Lobens im Unterricht.*
- Eine Hausarbeit kann – basierend auf die fachliche Konzeptualisierung und Diskussion – den Schwerpunkt auf die Frage nach der **Anwendung** in der Praxis legen, z. B. *Wie kann mündliche Erzählkompetenz in der Schule gefördert werden?* Oder *Wie trainiert man interkulturelle Kompetenz?* Praxisrelevante Vorschläge und Konzepte sollten nach fachlichen, theoretisch begründbaren Kriterien bewertet werden, die Arbeit soll auch hier im Wesentlichen auf fachspezifische Literatur basieren.
- Eine Hausarbeit kann aus einer kleinen, eigenen **empirische Untersuchung** (quantitativ oder qualitativ ausgerichtet) bestehen, basierend und Bezug nehmend auf bereits erzielte Ergebnisse, Analysekategorien und -perspektiven der Forschung, z. B. *Mit welchen Mitteln findet in aktueller Parfumwerbung in ausgewählten Frauen- und Männerzeitschriften eine Inszenierung von Weiblichkeit und Männlichkeit statt?* oder *Welche Themen werden in der WhatsApp-Kommunikation unter Jugendlichen behandelt? Untersuchung am Beispiel einer Schülergruppe der Musterschule* oder *Wie wird das Thema Jugendsprache in Deutschbüchern behandelt? Analyse von Schulbüchern für die Sekundarstufe.* Hierbei wird ein eigenes Material-Korpus systematisch zusammengestellt bzw. werden systematisch eigene Daten erhoben. Die Auswahl des Untersuchungsmaterials bzw. der untersuchten Personen/Interaktionen muss aus dem Forschungsinteresse heraus begründet werden.
- Eine Hausarbeit kann die **Entwicklung einer Theorie/eines komplexen Konzeptes** aufzeigen und diskutieren. Man zeigt z. B., wie das

Goffman'sche Konzept der Theatralität von anderen Autor/innen aufgegriffen, kritisiert, erweitert, angewendet wurde. Aufgabe ist es hierbei, Strukturen und Schwerpunkte des Diskurses herauszuarbeiten, Ähnlichkeiten und Unterschiede in der Rezeption herauszuarbeiten und den aktuellen ›Stand der Diskussion‹ zusammenfassen und beurteilen zu können.

- Die Hausarbeit macht sich die Beurteilung von Methoden/Konzepten/Theorien durch **Vergleich** zur Aufgabe, z. B. kann man darstellen und vergleichen, mit welchen Methoden man in der Grundschule die mündliche Sprachkompetenz der Schüler und Schülerinnen beurteilen kann.

- Man kann eine empirische Frage aufgreifen, die in der Forschung schon vielfältig bearbeitet wurde, man trägt mithilfe der Forschungsliteratur zusammen, wie der ›**Stand der Dinge**‹ ist, welche – in der Regel sehr differenzierte – Antwort sich mithilfe der Forschungsliteratur geben (oder auch nicht geben) lässt. So kann man z. B. der bereits häufig untersuchten Frage nachgehen, ob es situations- und kontextunabhängige Unterschiede im kommunikativen Unterbrechungsverhalten von Frauen und Männern gibt. Auch hier ist eine Begründung der Relevanz der Fragestellung und eine Einbettung in den Diskurs (im Beispiel: in den Diskurs der Gender-Linguistik) nötig.

- Eine Hausarbeit kann sich mit einem komplexen Konzept/Phänomen beschäftigen und fragen, inwiefern es **spezifische Charakteristika und Merkmale** gibt. Man kann z. B. fragen *Was ist eigentlich Jugendliteratur?* oder *Was ist Erzählkompetenz?* Interessant ist eine solche Fragestellung, wenn es sich um einen vielschichtigen, in der Fachliteratur diskutierten Gegenstand handelt, bei dem keine einfache Antwort auf die Frage gegeben werden kann.

- Man kann in der Hausarbeit ein Phänomen in einem bisher nicht/wenig untersuchten oder **ungewöhnlichen (Anwendungs-)Kontext** (z. B. *Die Verwendung von Metaphern in Kochrezepten* oder *Erwachsene als Leser von Jugendliteratur*) thematisieren und selbst untersuchen.

- Eine Hausarbeit kann in der **Replikation** einer bereits existierenden Untersuchung/Analyse bestehen, bei der neueres, aktuelleres oder andersartiges, bisher noch nicht untersuchtes Material herangezogen wird. Auch hier gilt es aber zu begründen: Warum ist eine solche Replikation interessant und relevant?

- Eine Hausarbeit kann für Literaturwissenschaft oder Linguistik **spezifische Vorgehensweisen/Analysemethoden und -wege** aufgreifen. So kann eine Hausarbeit aus einer literaturwissenschaftlichen Motivanalyse bestehen. Ein Motiv wird in einem oder mehreren literarischen Werk/en (eines Autors/einer bestimmten Gattung/in einer bestimmten Zeit etc.) untersucht, z. B. *Die Liebe als zentrales Motiv der Sturm und Drang Literatur. Eine exemplarische Analyse.* Eine linguistische Hausarbeit kann z. B. die grammatischen Besonderheiten von Texten in den neuen sozialen Medien (wie Chat, SMS, Twitter u. Ä.) zum Thema haben und eine eigene grammatische Analyse an einem ausgewählten Textkorpus vornehmen. Auch hier muss natürlich begründet werden, warum die grammatische Analyse relevant ist und welches Erkenntnisziel verfolgt wird.

- Auch wenn man selbst zusammengestelltes Material oder selbst erhobenen Daten interpretiert und analysiert, ist es notwendig, die eigene Fragestellung in den **wissenschaftlichen Diskurs** einzuordnen (z. B. indem man Ergebnisse früherer Untersuchungen und Analysen zum Thema darstellt und bewertet). Die zu Grunde liegenden theoretisch-methodologischen Annahmen sollten erläutert werden, die gewählten Analysekategorien oder Auswertungsmethoden müssen dargelegt werden und ggf. muss auch die (wissenschaftlich anerkannte) Methode der Datenerhebung beschrieben werden. Wird in einer Hausarbeit korpusbasiert gearbeitet, müssen die Kriterien, die zur Auswahl genau dieser Texte, Gespräche, Filme, Werbeanzeigen etc. geführt haben, dargestellt werden.

Beispielhafte Arbeiten lesen   Tipp

In den folgenden Kapiteln sowie im Anhang (Kap. 7.1) finden Sie Auszüge aus Studierendenarbeiten (Einleitungen, Schlussteile, Gliederungen), die mit *sehr gut* bewertet wurden. Häufiger gibt es aber auch Zugang zu ganzen Arbeiten, die von Dozent/innen als besonders gelungen eingeschätzt werden. Suchen Sie aktiv, ob es auch in ihrem Fach – an Ihrer eigenen Hochschule oder an anderen Hochschulen – solche ›guten Beispiele‹ gibt, auf die Sie Zugriff haben. So ist z. B. eine öffentlich zugängliche Quelle für linguistische Arbeiten die Essener Studienenzyklopädie Linguistik (ESEL) (http://www.linse.uni-due.de/esel-seminararbeiten. html); und die Universität Gießen hat ein »Vorbild Hausarbeit« für den Fachbereich Geschichts- und Kulturwissenschaften veröffentlicht (www. uni-giessen.de/fbz/fb04/institute/islamtheo/downloads/vorbild-hausarbeit/view) oder das Institut für Germanistik an der Universität Koblenz-Landau/Campus Koblenz zeigt »besonders gelungene Hausarbeiten« unter dem Link https://www.uni-koblenz-landau.de/de/koblenz/ fb2/inst-germanistik/studium/besonders-gelungene-hausarbeiten.

4.4.1.3 | Beispiele aus der Praxis: Fragestellungen in Titeln von Studierendenarbeiten

Die nachfolgenden Beispiele stammen aus dem Institut für Germanistik der Universität Koblenz-Landau/Campus Koblenz. Studierende der Germanistik haben z. B. folgende Titel für Ihre Hausarbeiten gewählt:

- Der ›stumme Impuls‹ als eine Form kommunikativen Schweigens im Unterricht. Analyse eines empirischen Beispiels
- Schweigen und Verstummen in den Gedichten Paul Celans vor dem Hintergrund der Diskussion über die Möglichkeit einer Lyrik nach Auschwitz
- Traditionelle Aufsatzdidaktik oder kreativer Schreibunterricht? – Formen und Funktionen schreib(prozess)orientierter Methoden im Deutschunterricht
- Männer dominant, Frauen zurückhaltend? Geschlechtstypisches Gesprächsverhalten in Fernsehdiskussionen

- Scherzkommunikation in der Schule. Formen, Funktion, Wirkung
- Jugendsprachliche Werbekampagnen und ihre Bewertung durch jugendliche Sprecher in sozialen Netzwerken
- Falsches Heldentum. Erich Kästner, Horst Wessel und »Der Handstand auf der Loreley«
- Dialogizität in der Chat-Kommunikation
- Abhängigkeiten zwischen Erst- und Zweitsprache oder: Warum die Erstsprache bei DaZ-Lernenden (nicht) zu vernachlässigen ist
- Imagearbeit in der Anmoderation von Talkshows
- Förderung der Erzählkompetenz im Erzählkreis. Eine exemplarische Untersuchung
- Verbale Gewalt in den Medien. Stefan Raabs Komikgenerierung und deren Wahrnehmung in der Gesellschaft
- Fachsprache und Religion: Fachsprachliche Besonderheiten bei Rezeption und Verständnis biblischer Texte
- Erzählfähigkeit erwerben – Erzählen lernen. Über den Erwerb von Erzählfähigkeit in alltagssprachlicher Interaktion und die hieraus resultierenden Implikationen für eine unterrichtliche Didaktik des mündlichen Erzählens
- Einstiegssequenzen in WhatsApp-Chats als Strategien der Nähe
- Interdependenzen beim Zweitspracherwerb: Kontrastive Sprachbetrachtung des Russischen und Deutschen und exemplarische Analyse der sprachlichen Probleme russischer Einwanderer
- Doing Gender auf Titelseiten von *Cosmopolitan* und *Men's Health*
- »wie wenn jemand eine Nadel von innen gegen das Trommelfell drückt« – Schmerzbeschreibung als Hilfe bei der Ursachenfindung
- Die Lüge als Element der Höflichkeit und Beziehungsarbeit in Bezug auf interkulturelle Kommunikationen zwischen Deutschen und Chinesen

4.4.2 | Thema eingrenzen

Häufig ist eine Frage-/Aufgaben-/Problemstellung am Anfang noch zu breit und unspezifisch. Im Folgenden werden einige Aspekte genannt, die – einzeln oder in Kombination – eingrenzend herangezogen werden können. Es handelt sich bei den Beispielen unter den jeweiligen Eingrenzungsaspekten noch nicht automatisch um ›fertige‹ Fragestellungen, sondern mit den Beispielen soll der jeweilige Eingrenzungsaspekt illustriert werden. Die nachfolgende Auflistung basiert auf Kruse (1997, S. 200 ff.), wurde jedoch abgeändert, angepasst und ergänzt.

Eingrenzungsaspekte

Einen spezifizierten Aspekt auswählen: Nicht *Loben in der Schule*, sondern *Formen und Funktionen des Lobens in der Schule*

Zeitliche Eingrenzung: Nicht *Dramenmotive* sondern *Dramenmotive im Drama des 18. Jahrhunderts*

Geografische Eingrenzung: Nicht *Mediensysteme im Vergleich* sondern *Mediensysteme in Westeuropa im Vergleich*

Institutionelle Eingrenzung: Nicht *Unterrichtskommunikation* sondern *Unterrichtskommunikation in der Grundschule*

Spezifizierung der zu untersuchenden Primärquellen/Daten: Nicht *Anglizismen in den Medien* sondern *Anglizismen in überregionalen Tageszeitungen*; nicht *Goethes Werke* sondern *Goethes Naturgedichte*

Betrachtungsebene spezifizieren: Das Problem/das Thema auf einer ausgewählten Ebenen betrachten, z. B. der historischen, der gattungs-/textsortenbezogenen oder der methodischen Ebene. Zum Beispiel: *Methodische Probleme der Datenerhebung bei der Erforschung des Spracherwerbs von Kleinkindern* oder *Sind WhatsApp-Chats eine neue Textsorte?*

Am Einzelfall arbeiten: Exemplarisch arbeiten, z. B. *Imagebedrohung in Fernsehdiskussionen am Beispiel einer Ausgabe von ›Hart aber Fair‹*

Anwendungsbereiche konkretisieren: Etwa: *Welche Rolle spielen Metaphern beim Verstehen von wissenschaftlichen Texten?*

Person und ihr Werk in den Mittelpunkt stellen: Eine Person, die in Bezug auf einen Themenkreis besonders relevant ist, herausgreifen, z. B. *Der Zeichenbegriff bei de Saussure und Pierce*

Personengruppen auswählen/eingrenzen: Nicht *Wie schreibt man in WhatsApp* sondern *Wie schreiben Jugendliche in WhatsApp?*

Schwerpunkt setzen: Bei breit angelegten Themen Gewichtung vornehmen, d. h. bestimmte Teile (begründet) präferieren, andere (begründet) nur sehr kurz abhandeln oder ganz weglassen.

Überblick geben: Die Beschränkung auf einen Überblick hat den Vorteil, dass man auf detaillierte Beschreibung verzichten kann – ein guter Überblick hat jedoch die Kenntnis der Details zur Voraussetzung!

Beziehungen herstellen: Objekte, Personen, Theorien, Werke, Figuren, Modelle werden in Beziehung gesetzt, z. B. werden Ergebnisse, Ansätze, Theorien, Methoden verglichen oder als eine aufeinander aufbauende Entwicklung dargestellt.

4.4.3 | Was gehört in die Einleitung?

Die Einleitung ist ein zentraler Teil der Hausarbeit, dort wird das Gesamt-konzept deutlich gemacht, sie sollte die folgenden Teile enthalten:

- **die klare, explizite Formulierung** der Fragestellung;
- **die Verortung der Fragestellung im wissenschaftlichen Diskurs**, d. h. es soll in knapper Form dargelegt werden, ob und inwiefern zu Ihrer spe-ziellen Fragestellung bereits Forschungen vorliegen und wie sich Ihr eigenes Vorhaben in diese Forschungslandschaft einordnen lässt.
- **Ihr Erkenntnisinteresse**, d. h. Sie sollten formulieren, warum das, was Sie machen möchten, fachlich und/oder gesellschaftlich und/oder an-wendungs- bzw. praxisbezogen relevant ist, warum es sich lohnt, sich mit Ihrer Fragestellung zu beschäftigen.
- **Ihr methodisches Vorgehen**, d. h. den Weg, wie Sie die Fragestellung systematisch (!) bearbeiten wollen. Es werden in knapper Form Vor-gehensweise und Methoden spezifiziert und in ihrer Angemessenheit begründet. Es wird knapp dargestellt, was in welcher Reihenfolge be-handelt werden soll.
- **Ihr Erkenntnisziel**, d. h. ›was dabei herauskommen soll‹ – was Sie z. B. am Ende und auf der Grundlage Ihrer Arbeit typologisieren, klassifizie-ren oder fundiert beschreiben, einschätzen, beurteilen, empfehlen, be-werten können, welche Annahmen/Hypothesen belegt oder widerlegt werden sollen.

4.4.3.1 | Handlungsmuster Einleiten

Klemm (2011) hat aus sprachwissenschaftlicher Perspektive genauer un-tersucht, was Schreibende tun, um eine wissenschaftliche Arbeit syste-matisch einzuleiten und die Leser/innen zu orientieren. Die hierfür zen-tralen sprachlichen Handlungsmuster hat er in einem Schema zusam-mengefasst, das Sie nachfolgend dargestellt finden. Dieses Schema ist eine gute Hilfe für die Konzeption Ihrer Einleitung, denn es benennt kon-kret, welche Aufgaben in einer Einleitung zu erfüllen sind.

Komplexe sprachliche Handlungen (wie ›systematisch Einleiten‹) wer-den – aus handlungssemantischer Perspektive – durchgeführt, **indem** man eine Vielzahl von einzelnen, weniger komplexen sprachlichen Hand-lungen durchführt. Nicht für jede Art von Arbeit sind sämtliche der auf-geführten Handlungen in der Einleitung relevant. Die (fett gedruckten) übergeordneten Sprachhandlungen sind jedoch typische und – auch un-ter inhaltlichem Aspekt – konstitutive Bestandteile einer Einleitung.

Handlungsschema | **Systematisch Einleiten (nach Klemm 2011, S. 143)**

In die allgemeine Thematik einführen, *indem*
- ich den historischen, sozialen, politischen, wissenschaftlichen Kontext re-feriere
- ich die Aktualität des Themas herausstelle
- ich die Relevanz des Themas aufzeige

- ich relevante Aussagen zum Thema/zum Kontext zitiere
- ich das Thema als Desiderat (d. h. als etwas, dessen Erforschung wünschenswert/notwendig ist) der wissenschaftlichen Forschung präsentiere
- ich den persönlichen Zugang zum Thema darlege

Das Thema explizieren, *indem*
- ich das Thema explizit nenne
- ich das Thema für Analyse eingrenze/spezifiziere
- ich das Thema in einzelne Aspekte aufgliedere

Fragestellungen und Ziele der Arbeit festlegen, *indem*
- ich die Fragestellung (z. B. in rhetorischen Fragen) expliziere
- ich die Fragestellung in ihrer Relevanz begründe
- ich ggf. Hypothesen aufstelle, die überprüft werden sollen
- ich Ziele der Arbeit expliziere

Die methodische Vorgehensweise vorstellen/erläutern, *indem*
- ich die folgenden Arbeitsschritte kurz aufliste
- ich die Relevanz der Arbeitsschritte darlege
- ich die Abfolge der Arbeitsschritte erläutere
- ich die Zusammenhänge zwischen den Arbeitsschritten darlege
- ich einen Ausblick auf die Kapitel gebe, den Inhalt kurz charakterisiere
- ich die Grenzen und Probleme der Arbeit im Vorhinein aufzeige

---

Eine gute Übung ist es, in den Beispiel-Einleitungen in Kapitel 4.4.3.2 und 7.1.2 genau die Sätze oder Textteile zu bestimmen, die eine Realisierung der oben aufgeführten Handlungsmuster darstellen. Fragen Sie sich z. B. *Wo genau in diesem Beispieltext wird die Relevanz des Themas aufgezeigt? Wo wird die Fragestellung expliziert? Wo wird das Thema als Desiderat der Forschung dargestellt?* Ähnlich können Sie bei den Sprachhandlungsmustern, die typisch für den Schlussteil sind, vorgehen (s. dazu Kapitel 4.4.4.1).

Tipp

4.4.3.2 | Beispiele aus der Praxis: Einleitungen

Im Folgenden finden Sie anschauliche Beispiele für Einleitungen, sowohl aus fachwissenschaftlichen Arbeiten von ›Profis‹ als auch aus studentischen Hausarbeiten. Weitere authentische und anschauliche Beispiele aus Studierendenarbeiten finden Sie im Anhang in Kapitel 7.1.2. Die Literaturbeleg-Methoden in den Beispielen sind unterschiedlich, systematische Vorschläge zum Belegen von Literatur und anderen Quellen finden Sie in Kapitel 5.3.

Profi-Einleitung aus dem Bereich Sprachdidaktik

Elke Grundler/Rüdiger Vogt (2009, S. 487): »*Diskutieren und Debattieren: Argumentieren in der Schule*«

Das Diskutieren spielt in den Lehrplänen wie im Unterricht eine wichtige Rolle, insbesondere auch als Mittel zur Schulung der Argumentationsfähigkeit, auf die unsere demokratische Grundordnung angewiesen ist. Nur die gesellschaftliche Wertschätzung des Argumentierens als geeignetem Verfahren zur gemeinsamen Lösungssuche bei offenen Fragen lässt jene Form des Zusammenlebens möglich werden. Diesem Ideal stehen mit zunehmender Deutlichkeit die Entwicklung von Parallelgesellschaften und das aktuelle globale Konfliktpotential gegenüber. Oft erscheint eine argumentative Verständigung zwischen den Parteien nur noch schwer möglich. Es werden Tendenzen anderer Konfliktbewältigungsstrategien als der der »sanften Gewalt der Vernunft« (Brecht 1963, S. 34) unübersehbar. In diesem Zusammenhang ist es offensichtlich, dass es als eine der Kernaufgaben von Schule angesehen werde muss, sowohl die Einsicht in die Bedeutung des Argumentierens für den Erhalt und die Weiterentwicklung unserer demokratischen Gesellschaftsform zu vermitteln als auch die Fähigkeiten, selbst zu argumentieren, umfangreich zu fördern. Dabei wirken sich unterschiedliche Auffassungen, was unter Argumentieren verstanden werden kann, auf die Konzeptionalisierung von Unterricht, in dem das Argumentieren gefördert wird, aus (vgl. Spiegel 2004; Vogt 2002).

In unserem Beitrag soll daher zunächst der Begriff des Argumentierens näher bestimmt werden, indem ein traditionell enger Argumentationsbegriff erweitert wird. Anschließend werden anhand eines Beispiels Dimensionen entwickelt, die es erlauben, konkrete, argumentative Handlungsaspekte systematisch zu beschreiben (1). An weiteren schulischen Diskussionsausschnitten werden vier Fördermöglichkeiten typologisiert und jeweils didaktisch reflektiert (2). Schließlich werden wir der Frage nach der Beurteilung von Schülerleistungen in Diskussionen nachgehen (3). Ein kurzes Fazit schließt den Beitrag ab (4).

Profi-Einleitung aus dem Bereich Literaturwissenschaft

Ingo Vogler (2014, S. 161 f.): »*Die Ästhetisierung des Realitätsbezugs. Christian Krachts* Ich werde hier sein im Sonnenschein und im Schatten *zwischen Realität und Fiktion*«

Schon früh zeichnet sich in Christian Krachts Werk ein Schreibverfahren ab, das spätestens seit *Imperium* (2012) auch seitens einer breiteren Leserschaft[1] als ein für den Autor charakteristisches Strukturprinzip wahrgenommen werden dürfte: das Spiel mit einem prekären Verhältnis zwischen Realität und Fiktion. Bereits im eigentlich seriös-journalistischen Genre der Reiseberichterstattung lehnt Kracht »eine strikte Trennschärfe zwischen fiktionalen und nicht-fiktionalen Elementen« ab.[2] Eine in seinen Arbeiten für das Tempo-Magazin gleichermaßen wie in den späteren Reisekolumnen[3] wiederzufindende »Entgrenzung von Fakt und Fiktion«[4] verfeinert der Romancier Kracht schließlich zu einem der grundlegenden Erzählprinzipien seiner Texte.

Ausgehend von dieser Beobachtung soll es im vorliegenden Beitrag um eben jenes Verhältnis zwischen Realität und Fiktion in Krachts *Ich werde hier sein im Sonnenschein und im Schatten* (2008) gehen, einem Text, der eine bis dahin eigentümliche Strategie der Verschränkung von Wirklichkeit und Erfindung verfolgt. Durch die spezifische Art und Weise der Zusammenführung empirischen Materials mit fiktionalen Elementen entstehen Dissonanzen, die als ›Stolpersteine‹ die Rezeption stören und die gewohnte Homogenität einer fiktiven Diegese verletzen. Das Resultat dieser Leseerfahrung ließe sich als ein ›Realitätseffekt‹ beschreiben.[5] Neben einer Untersuchung der hier angedeuteten Erzählstrategie bleibt (nur parenthetisch) zu prüfen, ob sich der Text zugleich von etablierten ästhetischen Verfahren absetzt und damit an einer denkbaren nach-postmodernen Schreibweise partizipiert.

---

[1] Diese Feststellung bezieht sich auf die Präsenz des Textes in der Öffentlichkeit, die diesem anfänglich aufgrund der medienwirksamen Debatte um die vermeintliche Nähe seines Autors zu rechtem Gedankengut, auslöst durch die Vorwürfe vom Georg Diez, zukam (vgl. Georg Diez: Die Methode Kracht. In: Der Spiegel Nr. 7 vom 13.2.2012, S. 100–103).
[2] Oliver Ruf: *Christian Kracht »New Journalism«. Selbst-Poetik und ästhetizistische Schreibkultur.* In: *Christian Kracht. Zu Leben und Werk.* Hg. von Johannes Birgfeld und Claudia D. Conter. Köln 2009, S. 44–60, hier S. 50. [...]
[3] Vgl. Christian Kracht: *Ferien für immer. Die angenehmsten Orte der Welt.* Köln 1998 und Christian Kracht: *Der gelbe Bleistift.* Köln 2000.
[4] Ruf: Christian Krachts »New Journalism« (Anm. 2), S. 47 f.
[5] Vgl. die Einleitung zum vorliegenden Band: Brigitta Krumrey, Ingo Vogler und Katharina Derlin: Realitätseffekte in der deutschsprachigen Gegenwartsliteratur, S. 9–19, hier S. 12 f.

Einleitung eines Studierenden aus der Literaturwissenschaft

Studentisches Beispiel 1

Markus Mowis (Hausarbeit): *Falsches Heldentum. Erich Kästner, Horst Wessel und »Der Handstand auf der Loreley«*

Einleitung

Die Zeit, in der Erich Kästner seine ersten vier Gedichtbände veröffentlichte, war äußerst unruhig. Im Berlin der späten 20er und frühen 30er Jahre waren Straßenschlachten verschiedener Parteigruppierungen – wie dem Rotfrontkämpferbund der KPD, der Sturmabteilung der NSDAP und dem Stahlhelm der DNVP – an der Tagesordnung. Sie spiegelten die unruhige und unstetige politische Lage im Parlament der späten Weimarer Republik wider. Gleichzeitig hatte die deutsche Bevölkerung immer noch mit den Erlebnissen und Nachwehen des Ersten Weltkriegs zu kämpfen, die Veränderung der Lebensbedingungen durch die fortschreitende Industrialisierung, beziehungsweise Modernisierung, trug ihr Übriges dazu bei.[1]
Kästner selbst war durch seine Erlebnisse gegen Ende des Ersten Weltkriegs gezeichnet. Als Jugendlicher wurde er 1917, nach kriegsbedingter Verkürzung der Schulzeit, aus dem Lehrerseminar zum Dienst in ein Artilleriebataillon einberufen.[2] Die negativen Erlebnisse dieser Zeit verarbeitete er mehrfach, unter anderem in Gedichten wie »Jahrgang 1899«, »Sergeant Waurich«, »Primaner in Uniform« und »Kennst Du das Land, wo die Kanonen blühn?«[3]
Er bildete durch diese Erlebnisse nicht nur einen pazifistischen Standpunkt heraus, sondern gewann auch eine Ablehnung gegenüber jeglicher Anpassung, falschem Heldentum und Dogmatismus per se, Ideologien eingeschlossen.[4] Daher ist es kein Wunder, dass er hauptsächlich die Nationalsozialis-

ten kritisierte, wenngleich auch die Kommunisten nicht ungeschoren davon-
kamen.[5]

Er agierte als Analyst seiner Zeit – beschreibend, vermittelnd und zeitkri-
tisch[6] – mit ironisch-sarkastischem Stil. Auch wenn er selbst sich zeitlebens
dagegen wehrte, kann er somit als einer der wichtigsten Vertreter der Neuen
Sachlichkeit bezeichnet werden.[7]

All diese Hintergründe gilt es zu berücksichtigen, betrachtet man die 1932
veröffentlichte Ballade »Der Handstand auf der Loreley« von Erich Kästner,
die dieser Arbeit zugrunde liegt. Der Titel »Falsches Heldentum« verweist
dabei auf Kästners Abneigung gegenüber jeglichem falschen Heldentum und
die Fokussierung auf das Motiv des Turners, beziehungsweise Helden.

Der ausschlaggebende Punkt zur vorliegenden Untersuchung war ein Hinweis auf der Internetseite der Hölderlin-Gesellschaft, der »Handstand« könne
als Parodie auf das »Horst-Wessel-Lied« gesehen werden.[8] Bei der Literaturrecherche zeigte sich jedoch, dass vor allem aktuelle Literatur zu beiden Gedichten eher rar zu finden ist.[9]

Eine daraufhin erfolgte Nachfrage bei der Hölderlin-Gesellschaft ergab, dass
besagter Hinweis lediglich auf einer Feststellung Ulrich Gaiers beruhen
würde, dass beide Gedichte gleichermaßen den Vers commun[10] nutzten.
Weitere Literatur diesbezüglich wurde nicht gefunden.

Daher werden im ersten Schritt Form, Inhalt und Herkunft beider Gedichte
werkimmanent untersucht, um sie dann miteinander vergleichen zu können.
Im Anschluss wird der Topos des Heldentums in den Fokus genommen, das
beim »Handstand« und dem Kult um den NS-Helden Wessel eine wichtige
Rolle spielt, um abschließend beantworten zu können, ob und inwiefern
»Der Handstand auf der Loreley« eine Parodie des »Horst-Wessel-Lieds« darstellt.

---

[1] Vgl. Kiefer 2011, S. 228; Delabar 1997, S. 179; Görtz/Sarkowicz 1998,
S. 139.

[2] Vgl. Kesting 2008, S. 13; Görtz/Sarkowicz 1998, S. 27 ff.

[3] Kästner verlor durch den Ersten Weltkrieg nicht nur Freunde, er bekam
durch seinen Armeedienst und den ausbildenden Unteroffizier Waurich auch
ein ausgeprägtes Herzproblem (vgl. hierzu Doderer, S. 54, S. 63; Görtz/Sar-
kowicz, S. 27 ff.).

[4] Vgl. Doderer 2002, S. 50, 63ff; Görtz/Sarkowicz 1998, S. 96, 116; Hanu-
schek 2004, S. 25.

[5] Vgl. Neuhaus 2003, S. 87 ff.

[6] Vgl. Leiß/Stadler 2003, S. 66.

[7] Vgl. Müller 2008, S. 135, S. 147; Leiß/Stadler, S. 66 f.

[8] Vgl. Friedrich Hölderlin. Website der Friedrich-Hölderlin-Gesellschaft.

[9] Die einzige Veröffentlichung der letzten Jahre zum »Handstand« liegt mit
Kreisler von 1992 vor. Trotzdem in der jüngeren und jüngsten Forschung die
NS-Zeit, darunter auch die Biographien Horst Wessels und hochrangiger Na-
tionalsozialisten, wieder aufgegriffen und neu bearbeitet wird, ist das
»Horst-Wessel-Lied« nach wie vor verboten und editorisch nicht erfasst. Zu
den jüngeren Veröffentlichungen zählen Kurzke und Broderick. Vgl. auch
Siemens und Longerich.

[10] Der Vers commun ist ein gereimtes jambisches Versmaß mit zehn oder elf
Silben und einer Zäsur nach dem zweiten Versfuß/der vierten Silbe.

Einleitung einer Studierenden aus der Linguistik

Lisa Marie Sobioch (Hausarbeit): *Empathie in Talkshow-Interviews,
untersucht am Beispiel der NDR-Talkshow*

Einleitung
Wie ist es, eine Fledermaus zu sein?
Wie ist es, mein Interviewpartner zu sein?
Wie ist es, mein Freund zu sein?
Die Vorstellung, wie ein anderer zu sein, die Vorstellung, die Gefühle und Gedanken eine anderen nachempfinden und nachzuvollziehen zu können, wird
allgemein unter dem Begriff ›Empathie‹ zusammengefasst. Die begegnet uns
im Alltag andauernd. Sprechen wir mit einem Freund, so sprechen wir oft em-
phatisch, wir versuchen, ihn zu verstehen und fühlen im Guten wie im
Schlechten mit ihm. Sehen wir jemanden lachen, so lachen wir mit, Lachen
ist ›ansteckend‹. Doch die Empathie ist nicht nur ein Alltagsphänomen, sondern wird auch im aktuellen wissenschaftlichen Diskurs behandelt.
Die Untersuchungen und Publikationen zu dem Thema haben in den letzten
Jahren stark zugenommen und sind mittlerweile zahlreich. Empathie steht
im Forschungsinteresse auch der Linguistik. Insbesondere Empathie im Kontext des Gesprächs wird zunehmend fokussiert und dies soll auch in dieser
Arbeit getan werden.
Nachdem bereits festgestellt wurde, dass Empathie eine wichtige Rolle in
persönlichen Gesprächen spielt (vgl. u.a. Pfänder/Gülich 2013, Kupetz 2015),
sollen die bisherigen Ergebnisse durch eine Untersuchung von Talkshow-Interviews in Personality-Talkshows ergänzt werden. Inwiefern kann man em-
phatische Darstellungsformen in Interview finden und wie werden diese eingesetzt? Steigert Empathie von Seiten der Interviewer/Moderatoren die Qualität des Interviews?
Um diesen Fragen auf den Grund zu gehen, soll zunächst in Kapitel 2.1 eine
Begriffsbestimmung von ›Empathie‹ erfolgen. Die Definition nach Hermanns
(2007) sowie biologische Grundlagen bzw. Grenzen nach Breithaupt (2009)
und Nagel (2007) bieten die Basis für die spätere Anwendung des Begriffs.
Im nächsten Schritt soll Empathie in den Kontext der linguistischen Gesprächsforschung gestellt werden (Kapitel 2.2). Um die theoretischen Grundlagen für die Analyse des Korpus bereit zu stellen werden außerdem die
Textsorte ›Interview‹ (Kapitel 3.1), die Talkshow allgemein und die NDR-
Talkshow spezifisch (Kapitel 3.2) beschrieben.
Nach der theoretischen Hinführung folgt eine Beschreibung des Korpus und
der Vorgehensweise (Kapitel 4.1) und schließlich die Analyse der Interviews
mit Sänger Andreas Kümmert (Kapitel 4.2) und Autor und Komiker Wigald
Boning (Kapitel 4.3). Anhand der Transkripte der Talkshow-Interviews wird
eine Konversationsanalyse durchgeführt, in welcher insbesondere der Ein-
satz von Empathie und die folgende Reaktion fokussiert werden.
Abschließend werden die Ergebnisse der Arbeit in einem Fazit (Kapitel 5)
zusammengefasst und die Rolle der Empathie für Talkshow-Interviews kann
bewertet werden.

4.4.4 | Was gehört in den Schlussteil?

Das Fazit dient dazu, eine ›Antwort‹ auf die Fragestellung zu formulieren,
die sich aus der Auseinandersetzung mit dem Thema im Hauptteil ergibt.
Einleitung und Schluss bilden eine ›Klammer‹ um die Hausarbeit und

sind eng aufeinander bezogen. Der Schlussteil sollte nicht nur aus einer wiederholenden Zusammenfassung der Hausarbeit bestehen, sondern vor allem ein Ergebnis der Bearbeitung formulieren.

Im Schlussteil sollten Sie auch nicht einfach eine ›eigene Meinung‹ wie im Schulaufsatz präsentieren. Sie können jedoch ein Urteil oder eine Bewertung abgeben, das/die sich argumentativ und/oder empirisch auf das stützt, was Sie in Ihrer Hausarbeit erarbeitet haben. Sie können natürlich auch erkennbare Gemeinsamkeiten, Unterschiede, Widersprüchlichkeiten etc. thematisieren, sofern Sie dies in der Hausarbeit zeigen konnten.

Häufig zeigt sich im Lauf der Arbeit auch, wo es noch Forschungslücken (Desiderata) gibt und es ergeben sich weitere interessante Forschungs- und Anwendungsfelder. Solche Ausblicke sind ebenfalls sinnvoller Bestandteil des Schlussteils.

4.4.4.1 | Handlungsmuster Schlussteil

Im Folgenden finden Sie, wie beim Einleitungsteil, eine Handlungsmusterbeschreibung nach Klemm (2011), die Ihnen eine Idee von den typischen Texthandlungen im Schlussteil einer Hausarbeit geben soll. Beispiele für Schlussteile aus Fach- und Studierendentexten finden Sie im folgenden Kapitel 4.4.4.2 sowie im Anhang 7.1.3. Auch hier ist es hilfreich, in den Beispielen zu analysieren, wo und wie typische Handlungsmuster für Schlussteile konkret realisiert werden.

Handlungsschema | **Thematik abschließend einordnen (nach Klemm 1997, S. 46)**

Ergebnisse bilanzieren, *indem*

- ich auf die Ausgangsthesen/Fragen/Ziele zurückverweise, diese rekapituliere
- ich die Einzelergebnisse zusammenfasse
- ich die Ausgangsfrage(n) beantworte
- ich die Ausgangsthesen problematisiere
- ich die Ergebnisse in einen größeren Kontext einordne, die Einordnung begründe
- ich die Gültigkeit/Plausibilität der Ergebnisse ggf. abschwäche oder hervorhebe

Ergebnisse bewerten, *indem*

- ich auf andere Autoren und deren Erkenntnisse verweise
- ich eine eigene Bewertung der Arbeit verdeutliche und begründe
- ich Ergebnisse in den Forschungskontext einordne

Ausblick auf / Perspektiven für die Zukunft aufzeigen, *indem*

- ich die Relevanz der Ergebnisse verdeutliche
- ich ggf. Defizite bzw. die Reichweite der Analyse aufzeige
- ich weitere Aspekte des Themas als Forschungsdesiderate anführe
- ich weitere Arbeiten zum Thema ankündige
- ich über weitere Entwicklungen spekuliere
- ich Alternativen für weitere Entwicklung diskutiere

4.4.4.2 | Beispiele aus der Praxis: Schlussteile

Im Folgenden finden Sie Beispiele für Schlussteile, wie bei den Einleitungen sowohl von wissenschaftlichen ›Profis‹ als auch von ›echten‹ Studierenden. Weitere Beispiele finden Sie wieder im Anhang 7.1.3. Bitte lesen Sie auch in Bezug auf den Schluss die Beispiele aufmerksam und bewusst durch, damit Sie eine Idee davon bekommen, wie ein gutes Abschlusskapitel Ihrer Arbeit aussehen könnte.

Profi-Fazit aus der Sprachdidaktik

Profi-Beispiel 1

Elke Grundler/Rüdiger Vogt (2009, S. 510): »Diskutieren und Debattieren: Argumentieren in der Schule«

Fazit

In unserem Beitrag entwickelten wir zunächst ein weiteres begriffliches Verständnis mündlichen Argumentierens. Dieses impliziert weitreichende didaktische Folgen, in denen das auf das methodische Brauchtum aufbauende Konzept der Pro-Kontra-Diskussion als einziger Form schulischer Förderung entschieden zu kurz greift. Sinnvoller ist es deshalb, auf das in diesem Beitrag vorgestellte mehrdimensionale Konzept zurückzugreifen und dieses weiterzuentwickeln. Mit ihm sind sowohl Perspektiven auf vielfältige Ansätze zur Förderung als auch Möglichkeiten zur Beurteilung argumentativer Kompetenzen möglich, da es einer differenzierte Wahrnehmung des konkreten argumentativen Handelns unterstützt.

Ein wesentlicher Punkt ist, dass in unterschiedlichen kommunikativen Konstellationen bestimmte argumentative Teilaspekte akzentuiert werden können. Die unterrichtliche Variation situativer Anforderung in Hinblick auf die Themenstellung, die Zielsetzung und auf das gesprächsorganisatorische Arrangement eröffnet Perspektiven nicht nur im Hinblick auf die Tiefe der argumentativen Auseinandersetzung, sondern auch auf die Potentiale der gezielten Förderung von Schülerinnen und Schülern. Konkrete Möglichkeiten für den Unterricht wurden durch Beispiele dargestellt.

Die Beurteilung argumentativer Äußerungen von Schülerinnen und Schülern kann sich auf einzelne Aspekte konzentrieren, sie kann aber auch mehrdimensional erfolgen: Die genannten Beobachtungskriterien ermöglichen eine Ausdifferenzierung der Wahrnehmungs- und Beurteilungskompetenz, die sich im Vollzug des Unterrichts sowohl bei den Lehrenden als auch bei den Schülerinnen und Schülern weiter entwickeln kann. Sie dienen der Orientierung und sind an die situativen Bedingungen anzupassen. Auf diese Weise können Schüler/innen ein Bewusstsein hinsichtlich argumentativer Handlungen erwerben und so ihr Kompetenzprofil nicht nur produktiv, sondern auch in rezeptiver Hinsicht erweitern.

Profi-Beispiel 2

Profi-Fazit aus der Literaturwissenschaft

Iris Meinen (2016, S. 124): »Eine Ästhetik des Ekels. Körperflüssigkeiten und Popliteratur«

Fazit

Wie diese kurzen Ausführungen zeigen, geht die Darstellung der Körpersäfte weit über das Moment der reinen Provokation hinaus. Der popmoderne Freizeitkörper, als Visitenkarte für Erotik und Jugendlichkeit eingehüllt in die Ästhetik des Scheins, ist auch der Ort, an dem sich mimetische Prozesse vollziehen und sich habituell einspeichern. In seiner Eruption versagt dessen Geschlossenheit, das Innen wendet sich nach außen und verbleibt als letzte Form der Intimität und damit Selbstvergewisserung der Figuren in seinem Ausfluss. In diesen Darstellungen wird literarisch ausformiert, was Michael Bachtin als den »grotesken Körper«[53] beschreibt, der nicht (mehr) von der umgebenen Welt abgeschlossen ist, sondern in diese hineinfließt. Obwohl eine derartige Ästhetik spätestens seit 1900 zunehmend für die Literatur Anerkennung fand und findet, gilt dies, wie die Beispiele der feuilletonistischen Literaturkritik eingangs zeigten, nicht im gleichen Maße für die Popliteratur. Die offensive Darstellung von Körpersekreten dient im Rekurs auf eine Ästhetik des 18. Jahrhunderts auch gegenwärtig noch dem Moment literarischer Abwertung, vorrangig bei jenen Texten, in denen eine Einbettung in einen übergeordneten Diskurs auf der Textoberfläche zu fehlen scheint. Hierin bleibt der Konnex von Körpersekreten, Ekel und Ausschluss bestehen.

---

[53] Bachtin 1987, S. 76.

Studentisches
Beispiel 1

Fazit eines Studierenden aus der Literaturwissenschaft

Bernhard Mediger (Hausarbeit): *Dialektik der Abszenz. Schweigen und Verstummen in den Gedichten Paul Celans vor dem Hintergrund der Diskussion über die Möglichkeiten einer Lyrik nach Auschwitz*

Fazit

Schweigen und Verstummen konstatieren sich in der Lyrik Paul Celans im Spannungsverhältnis unterschiedlicher Semantiken des Schweigens: Verschweigen als immanente Gefahr des Vergessens der Barbarei, Schweigen und Verstummen als tatsächliches Ersterben der Sprache und der Sprechfähigkeit der Gemordeten in den Lagern sowie Schweigen als Unmöglichkeit des Ausdruckes im Angesicht der Sinnlosigkeit und der wahrhaftigen Sprachlosigkeit durch den Schrecken.

Obgleich es sich, wie in Kapitel 3 gezeigt werden konnte, beim Motiv und der Performanz des Schweigens und Verstummens um ein weiter zu fassendes Phänomen der literarischen Moderne und der mit ihr einhergehenden Sprachkrise handelt, bekommt dieses in der Diskussion über Lyrik nach Auschwitz eine neue Qualität. Das Schweigen selbst rückt hierbei, wie am Beispiel der *Engführung* gezeigt werden konnte, zwar auch als Gefahr des Vergessens und somit des abermaligen »Tötens« der Opfer, das es zu überwinden gilt, in den Vordergrund, bleibt aber zugleich polyvalent. Es ist indes auch ein Schweigen, das – so etwa in *Welchen der Steine du hebst* – als wesentliches Merkmal einer Poetologie nach Auschwitz zu verstehen ist, ein Schweigen, das einer Kantabilität des Schreckens, also dem ästhetischen Ge-

nuss an den Gedicht gewordenen Schrecken der Konzentrationslager und
der Vernichtung der europäischen Jüdinnen und Juden, die Absenz von
Sprache als Ausdruck der Unsagbarkeit ebenjener Barbarei entgegenhält.
Diese deiktische Form des Schweigens und Verstummens, die gerade in ihrer
Abwesenheit des Sprechens die Möglichkeit eines Ästhetizismus nach
Auschwitz, der noch im Angesicht der Barbarei das Gute und das Schöne als
seinen höchsten Wert begreift, zurückweist, findet sich dabei zugleich auf
allen untersuchten Ebenen der Celan'schen Gedichte: der Motivik des
Schweigens und Verstummens ebenso wie der semantischen und syntaktischen Absenz. Als Abwesenheit des Sprechens sind Schweigen und Verstummen gleichwohl jedoch keine Abwesenheit von Kommunikation *per se*.
Vielmehr handelt es sich, wie unter Bezugnahme auf ein Konzept Benthiens
gezeigt werden konnte, um Formen eines beredten Schweigens, das – so
Adorno in der *Ästhetischen Theorie* – »das äußerste Entsetzen durch Verschweigen sagen [will].«[135] Hierbei bedarf es im Sinne des Leerstellenbegrif-
fes Wolfgang Isers gerade der Aktivität des Lesers, um dem Schweigen in einem produktiven, sinnstiftenden Akt Bedeutung zuzuweisen. Gerade das
Anstellen von Überlegungen zu den Ursachen und Beweggründen des
Schweigens – ganz gleich ob nun auf der Ebene des Motivs oder des abbre-
chenden Redeflusses eines lyrischen Ichs – überlässt dem Leser die zentrale
Funktion des »aktiven Erinnerns«, ohne dabei ebenjener von Paul Celan kri-
tisierten Gefahr einer »Singdrossel-Perspektive« anheimzufallen. Bedeutung
konstituiert sich dabei nicht bloß aus dem, was geschrieben steht, sondern
muss im konstitutiven Akt im Sinne der Sprachgitter-Metapher die gesamte
Figur in den Blick nehmen, »da komplementär zu den positiven Elementen,
den Gittern, auch die negativen Elemente der Sprache, die Leerstellen und
von den Gittern eingeschlossenen weißen Räume [das Schweigen und Verstummen selbst; B. M.], mitsprechen.«[136]
Nicht selten bedingen sich dabei unterschiedliche Schweigeformen (Motiv, se-
mantische und syntaktische Absenz) wechselseitig und bedürfen daher zu einem umfassenderen Verständnis der Kontextualisierung im jeweiligen Gedicht
sowie in der kultur- und literaturphilosophischen Diskussion über die Möglichkeit einer Lyrik nach Auschwitz. Wesentlich erscheint hierbei ein dialekti-
sches Verständnis des Schweigens, das sowohl auf die Unsagbarkeit der
Gräuel der Shoah hinweist und dennoch ebendieser Unsagbarkeit durch deren
sprachliche Markierung als Leerstelle im Sprachgitter Ausdruck verleiht.
Schweigen und Verstummen dürfen folglich keineswegs auf ein ideologisches
Verstummen im Sinne einer Schlussstrich-Debatte reduziert, sondern müssen
als komplexes Phänomen verstanden werden, das einer inhärenten Dialektik
folgt: Gerade weil die Sprache selbst im Angesicht der Schrecken von Auschwitz, Treblinka, Sobibor und Belzec sich ihrer eigenen Insuffizienz als Mittel
des Ausdrucks bewusst wird, vermag sie von der Barbarei im Gedicht zu sprechen. Als in seinem eigenen Schweigen eingeschrieben erinnert das Gedicht
dabei jene, die nicht mehr sprechen können, weil ihre Stimme in den Lagern
endgültig verstummten ebenso wie jene, deren Stimmen angesichts der Un-
menschlichkeit der Lager auch im Rückblick noch verstummt.
Gleichwohl gilt: Das Gedicht besteht fort, es existiert – immer noch. Es verstummt niemals ganz, bleibt auch mit Bedacht auf die Aporie von Barbarei
und Kultur bestehen und ist so in der semantischen Doppeldeutigkeit des
Celan'schen »Atemkristalls« beides zugleich: Ausdruck des Schweigens *und*
Ausdruck des Sprechens. Es verweist, indem das Sprechen verstummt, auf
das, was gesagt werden muss, damit jene, die nicht mehr zu sprechen ver-
mögen, nicht dem Vergessen anheimfallen. Stets wohnt ihm das Sprechen-
wollen, das Zeugnisablegen, als Wesensmerkmal der Lyrik Paul Celans inne.

---

[135] Adorno 1972, S. 477.
[136] Gellhaus 1995, S. 301.

Fazit einer Studierenden in der Linguistik

Liza Detemple (Hausarbeit): *›Der ›stumme Impuls‹ als eine Form kommunikativen Schweigens im Unterricht. Auswertung eines empirischen Beispiels*

Fazit

Im abschließenden Fazit sollen die Resultate der einzelnen Untersuchungsgebiete zusammengeführt werden und die Fragestellung der Hausarbeit, ob der »stumme Impuls« im Unterricht aus linguistischer und didaktischer Perspektive sinnvoll ist, beantwortet werden.

Der »stumme Impuls« kann aufgrund der Recherche in der Linguistik als eine besondere Form des kommunikativen Schweigens klassifiziert werden, bei dem der Schweigende seine Intention mit seinem Nicht-Sprechen ausdrücken möchte [...]. Die ausführende Lehrperson intendiert mit ihrem Schweigen, dass die Schülerinnen und Schüler sich zu ihren Eindrücken über den Impulsgegenstand selbstständig äußern. Gleichzeitig wird die Stille für die Lerngruppe besonders relevant, da eine verbale Einleitung in die Unterrichtsstunde seitens der Lehrkraft von Schülerinnen und Schülern erwartet wird, nicht zuletzt aufgrund rollentypischer und konventioneller Muster, die man in der Institution Schule erlernt hat. Der ›stumme‹ Impuls besitzt in Anlehnung an die Sprechakttheorie Austins und Searles eine Illokution und eine Perlokution, wodurch kommunikatives Schweigen und der ›stumme Impuls‹ ähnlich leistungsfähig sind wie eine verbale Äußerung. Das Schweigen hat bei dem stummen Unterrichtseinstieg die Funktion, die Wirkung des Impulsgegenstandes zu erhöhen und eine verbale Kommentierung der Schülerinnen und Schüler herauszufordern.

Nach der Durchführung eines »stummen Impulses« fällt bei der Auswertung des Transkriptes der betreffenden Unterrichtsstunde und der Auswertung der Fragebögen auf, dass im Besonderen Aufmerksamkeit, Neugierde und Interesse der Schüler erzeugt werden. Jedoch erscheint der »stumme Impuls« keinesfalls als Methode, mit der Kreativität und Motivation der Klasse automatisch geweckt werden: Man muss bei der Auswertung beachten, dass der »stumme Impuls« kein Unterrichtseinstieg ist der zu häufig angewendet werden sollte, damit die Aufmerksamkeit, ausgelöst durch das ungewöhnliche Nicht-Sprechen der Lehrkraft, weiterhin aktiviert wird.

Den Schülerinnen und Schülern aus der untersuchten Klasse gelingt es, die nonverbale Aufforderung der Lehrkraft durch den ›stummen Impuls‹ nach einer Phase der Verwirrtheit zu erkennen und in strukturierter Form ihre Assoziationen zu schildern und dabei auch Bezug zu anderen Mitgliedern in der Klasse herzustellen.

Auch die angesprochene Gefahr, bei dieser Form des Unterrichtsbeginns, dass die individuellen Assoziationen der Schülerinnen und Schüler nicht wirklich in der Unterrichtsstunde aufgegriffen werden, hat sich nicht bestätigt. Allerdings erkennt man, dass viele Schülerinnen und Schüler sowieso die Neigung haben, eher unterrichtsrelevante Beiträge zu äußern, auf die natürlich viel leichter im Verlauf der Unterrichtsstunde eingegangen werden kann. Das Ziel, den Schülerinnen und Schülern mit dem »stummen Impuls« einen ganz individuellen Zugang zu der Unterrichtsstunde zu ermöglichen, gelingt bedingt.

Natürlich kann eine einzelne dokumentierte Unterrichtsstunde nicht vollständig aufzeigen, ob der »stumme Impuls« eine stets sinnvolle Methode für den Unterrichtseinstieg ist. Der Erfolg ist sicherlich auch abhängig von der Unterrichtsthematik, dem Impulsgegenstand oder auch von der Selbstständigkeit und Organisationsfähigkeit einer Lerngruppe [...]. Dennoch hat die empirische Untersuchung, sowohl die Auswertung des Transkriptes als auch die Auswertung des Fragebogens, zeigen können, dass der ›stumme Impuls‹ als nonverbaler »Überraschungseffekt« durchaus zweckmäßig praktiziert werden kann. Die Schülerinnen und Schüler äußerten jedoch den Wunsch, eine Begrüßung zwischen Lehrperson und Klasse vor der stummen Einführung in das Thema stattfinden zu lassen, damit auch der soziale und emotionale Aspekt einer Schüler-Lehrer-Beziehung beim Unterrichtseinstieg integriert wird.

Man kann zusammenfassend sagen, dass der ›stumme Impuls‹ als Unterrichtseinstieg aus linguistischer und didaktischer Perspektive weitestgehend sinnvoll ist. Schweigen in Form des »stummen Impulses« kann im Unterricht als Methode eingesetzt werden, wenn dabei ein Überraschungsmoment für die jeweilige Klasse entsteht und persönliche Schülerassoziationen im weiteren Stundenverlauf möglichst vollständig berücksichtigt werden.

4.4.5 | Gliederung

Den ersten Gliederungsentwurf sollten Sie am besten schon in der Planungsphase der Hausarbeit erarbeiten, denn die Gliederung spiegelt den ›gedanklichen Plan‹, die Argumentations- und Darstellungslogik Ihrer Arbeit wieder. Die Gliederung wird im Verlauf der Arbeit in der Regel noch genauer präzisiert, detailliert und verändert. Sie ist für Sie beim Verfassen der Hausarbeit auch eine Art Schreibplan und hilft Ihnen, den ›roten Faden‹ zu bewahren. Beim Gliedern geht es, wie bei Kruse (2007, S. 155) entwickelt, um die folgenden drei zentrale Aspekte:

Gliedern

Herstellen einer sinnvollen Reihenfolge: Was muss als Erstes gesagt werden, was als Zweites, was als Letztes etc.?

Anwenden eines Gliederungslogik: Was bestimmt eigentlich die Abfolge? Welcher Grundgedanke führt zu dieser Aufteilung und Abfolge?

Herstellen einer Hierarchie: Durch die Einteilung in Kapitel und Unterkapitel wird unterschieden zwischen wichtigen und weniger wichtigen, zwischen über- und untergeordneten Gesichtspunkten.

Zum Begriff

Am Ende des Gliederungsprozesses sollte für den/die Verfasser/in (und für alle, die die Arbeit lesen) die Frage beantwortbar sein, was das jeweilige Kapitel/der jeweiligen Gedankengang mit dem Vorherigen und mit dem Anschließenden zu tun hat. Indizien dafür, dass mit der ›Architektur‹ der Arbeit etwas nicht stimmt, sind z. B. inhaltliche Wiederholungen.

Im Folgenden werden Ihnen zwei Hilfen zum Gliedern angeboten:

- Im Kapitel 4.4.5.1 werden auf abstrakter Ebene verschiedene Gliederungsprinzipien beschrieben.
- Im Kapitel 4.4.5.4 und im Anhang 7.1.1 finden Sie Beispiele für Gliederungen aus wissenschaftlichen Veröffentlichungen und aus Hausarbeiten.

4.4.5.1 | Gliederungsprinzipien und -ideen

Die folgende Zusammenstellung ist als Anregung zu verstehen. Die aufgeführten Gliederungsprinzipien und -ideen können nicht schematisch für die einzelne Hausarbeit übernommen werden und stellen nicht schon selbst eine Gliederung dar.

Möglicherweise sind einzelne Gliederungsprinzipien auch für ein einzelnes Kapitel Ihrer Arbeit relevant. So kann z. B. bei der Darstellung des Forschungsstandes eine chronologische oder diskursive Gliederung (s. unten) sinnvoll sein, ohne dass die gesamte Arbeit in dieser Weise strukturiert ist. Die ›Gesamtlogik‹ Ihrer Arbeit sollte jedoch trotzdem einer einheitlichen Grundidee folgen.

Die nachfolgenden zusammengestellten Gliederungsprinzipien sind den Darstellungen bei von Werder (1992, 1993), Kruse (1997, 2007) und Klemm (2011) entnommen.

1. **Vom Allgemeinen zum Besonderen: ›Deduktive‹ Gliederung:** Der Text entwickelt sich von der allgemeinen Idee hin zu besonderen, spezifischeren Themenaspekten.
2. **Vom Besonderen zum Allgemeinen: ›Induktive‹ Gliederung:** Fakten, Beispiele, Argumente, Forschungsergebnisse werden auf einen übergeordneten Gesichtspunkt hin geordnet, um schließlich dann die allgemeine Idee darzustellen.
3. **Historisch-chronologische Gliederung:** Ordnen nach der zeitlichen Abfolge, nach Zeitabschnitten oder vom Beginn bis zum Ende eines Zeitabschnittes.
4. **Kausale Ordnung: Ursache – Wirkung:** Ziel ist es, aufzuzeigen, dass/wie verschiedene Ursachen zu einer bestimmten Wirkung/zu bestimmten Wirkungen führen oder führen könnten. Zentrale Fragen sind hier z. B.:
   Wenn A geschieht, was wird dann das Resultat sein?
   Warum kann A das Resultat X hervorrufen?
5. **Kausale Ordnung: Wirkung – Ursache:** Ziel ist es, aufzuzeigen/zu klären, was die Ursache/die Ursachen eines vorliegenden Resultates sind/sein könnten. Zentrale Fragen sind hier z. B.:
   Was ist/war die Ursache für X?
   Wie lässt sich das Zustandekommen des Resultats X erklären?
6. **Vergleich/Unterschied: Blockgliederung:** Ziel ist es, Ähnlichkeiten und Unterschiede zwischen Ideen, Personen, Theorien, Interpretationen, Analysen, Fällen etc. aufzuzeigen. Zentrale Fragen sind hier z. B.:
   Welche Aspekte von X und Y sind vergleichbar?
   Wieso ist X ähnlich wie Y?
   In welcher Hinsicht unterscheidet sich X von Y?
   Bei der Blockgliederung werden alle Vergleichsobjekte nacheinander dargestellt. Das erste Vergleichsobjekt wird zunächst hinsichtlich aller Vergleichsaspekte behandelt. Danach wird das zweite Vergleichsobjekt hinsichtlich aller Vergleichsaspekte behandelt usw.
   1. Vergleichsobjekt A
       1.1 Vergleichsaspekt 1
       1.2 Vergleichsaspekt 2
       1.3 Vergleichsaspekt 3

2. Vergleichsobjekt B
   2.1 Vergleichsaspekt 1
   2.2 Vergleichsaspekt 2
   2.3 Vergleichsaspekt 3
3. Vergleichsobjekt C

7. **Vergleich/Unterschied: Abwechselnde Ordnung:** Ziel ist es, wie beim Vergleich in Blockgliederung, Ähnlichkeiten und Unterschiede zwischen Ideen, Personen, Theorien, Fällen etc. aufzuzeigen. Bei der Relationsordnung wird allerdings zunächst der erste Vergleichsaspekt mit Bezug auf alle Vergleichsobjekte abgehandelt. Dann wird der zweite Vergleichsaspekt mit Bezug auf alle Vergleichsobjekte abgehandelt etc.

1. Vergleichsaspekt 1
   1.1 Vergleichsobjekt A
   1.2 Vergleichsobjekt B
   1.3 Vergleichsobjekt C
2. Vergleichsaspekt 2
   2.1 Vergleichsobjekt A
   2.2 Vergleichsobjekt B
   2.3 Vergleichsobjekt C

8. **Ordnung der Wende: Ordnen, indem Wandel aufzeigen:** Die Arbeit zeigt, wie sich etwas entwickelt, wächst, sich wandelt und umbricht. Zentrale Fragen sind hierbei z. B.
   Wie ereignet sich die Veränderung?
   Warum kam es zur Veränderung?
   Was hat sich verändert?
   Was war der Zustand vor und nach der Veränderung?

9. **Ganzheitliche Ordnung: Beziehung der Teile zum Ganzen:** Bei der ganzheitlichen Perspektive einer Arbeit will der/die Autor/in herausfinden, wie alle Teile bzw. Teilaspekte sich zum Ganzen verhalten. Zentrale Fragen sind hier z. B.:
   Was sind die Teile von X?
   Wie verhält sich jedes Teil zum Ganzen von X?
   Wie funktionieren die Teile zusammen?

10. **Diskursive Gliederung:** Eine solche Gliederung orientiert sich am Gang oder der Struktur eines Diskurses. Eine solche Gliederung kann den wichtigsten Veröffentlichungen in einer fachlichen Debatte über die Jahre hinweg folgen oder richtet sich danach aus, welches Argument die Diskussion in welcher Weise beeinflusst hat.

11. **Interpretative Ordnung: Analyse und Resultat**
   Leitidee/Fragestellung der Analyse
   Vorstellung des Textes
   Darstellung der Analysekategorien/-aspekte/-perspektiven
   Analyse des Textes
   Resultat der Analyse

12. **Dialektische Ordnung: Pro-Contra-Synthese**
   Was spricht für X?
   Was spricht gegen X?
   Inwiefern lassen sich die Positionen vereinen, wie lassen sich Widersprüche aufheben?

13. Standardgliederung bei empirischen Arbeiten
    Bei empirischen Arbeiten, bei denen statistische Auswertungsmethoden verwendet werden, ist häufig folgende Gliederung üblich:
    Stand der Forschung
    Fragestellung
    Hypothesen
    Methode
    Darstellung der Ergebnisse
    Diskussion der Ergebnisse
    Zusammenfassung
14. Grundgliederungskonzept: Problemdarstellung – Lösungsalternativen vergleichen
15. Grundgliederungskonzept: Formbeschreibung – Funktionsdarstellung
16. Grundgliederungskonzept: Theoretischer Teil – Empirischer Teil
17. Grundgliederungskonzept: Fallbeispiel(e) – Verallgemeinerte Theorie

4.4.5.2 | Sprechende Überschriften

»Eine [...] Schwachstelle vieler Inhaltsverzeichnisse sind die Überschriften; sie sollen kurz und knackig, prägnant und trotzdem gehaltvoll sein. Oft sind sie aber kryptisch, gewunden, nebulös oder ganz einfach viel zu lang« moniert Krämer (2009, S. 63). Aber wie findet man eine ›gute‹ Überschrift?

Kapitelüberschriften sollten in erster Linie ›sprechende Überschriften‹ sein, d. h. die Gliederungsidee erkennbar machen und Auskunft darüber geben, was in dem betreffenden Kapitel behandelt wird. *Hauptteil* ist z. B. keine sinnvolle Überschrift in einer wissenschaftlichen Arbeit.

Bei der Formulierung von Überschriften hat man zahlreiche Möglichkeiten.

Formulierungs-
prinzipien

- Die **wissenschaftlichen Handlung**, die in dem betreffenden Kapitel von dem/der Autor/in ausgeführt wird, wird in den Vordergrund gestellt, z. B. *Analyse eines Fallbeispiels von ›Insistieren‹* (= der/die Autorin analysiert im Folgenden eine bestimmte Art von Beispiel) oder *Darstellung der Ergebnisse* (= der/die Autor/in stellt seine/ihre Ergebnisse in diesem Kapitel dar) oder *Vergleich der beiden Interpretationsansätze* (= der/die Autor/in führt im betreffenden Kapitel eine Vergleich durch).
- Es wird die **Frage** formuliert, die in dem betreffenden Kapitel behandelt und ›beantwortet‹ wird, z. B. *Was ist sprachliche Höflichkeit? Was ist Gegenwartsliteratur?*
- Ein **zentraler Begriff** wird als Überschrift verwendet, der das Kernthema des Kapitels benennt, z. B. *Argumentation, Motivanalyse, Fremdwortkritik* oder *Popliteratur.* Die Spezifizierung dessen, was in dem Kapitel behandelt wird, ergibt sich entweder aus dem Kontext der Gliederung oder bleibt offen.
- Es wird ein **wissenschaftstypisches ›Schlüsselwort‹** (häufig in Verbindung mit einem zentralen thematischen Begriff) verwendet, das im Kontext wissenschaftlicher Arbeiten dem Leser/der Leserin sig-

nalisiert, was ihn/sie erwartet (vgl. hierzu Kornmeier 2008, S. 103 f.).
Solche Schlüsselwörter sind zum Beispiel *Kriterien, Ausprägungen,
Typen, Dimensionen, Merkmale, (Bestimmungs-/Einfluss-)Faktoren,
Möglichkeiten, Folgerungen/Schlussfolgerungen, Problematik/Problem,
Überblick, Vergleich, Begriff/Begriffsbestimmung, Struktur, Gemein-
samkeiten, Unterschiede, Grenzen, Betrachtung, Funktionen, Formen,
Ursachen* u. Ä.

Daneben gibt es natürlich viele Möglichkeiten, Überschriften **interessant
und anregend** für den/die Leserin zu gestalten, indem man z. B. Zitate
aus literarischen Texten oder Originaläußerungen aus Gesprächstran-
skripten als Überschrift verwendet und/oder der eigentlichen Überschrift
voranstellt. Nicht immer sind jedoch solche ›kreativen‹ Überschriften angemessen oder gewünscht.

Formulierungsvarianten

Beispiele

Im Folgenden werden zur Anregung einige Beispiele für Möglichkeiten
der Formulierung von Überschriften angeführt:

- Argumentationsanalyse
- Motivanalyse
- Argumentationskompetenz von Schulkindern
- Motive in Dramen des 18. Jahrhunderts
- Wie argumentieren Schulkinder?
- Welche Argumentationskompetenz haben Schulkinder?
- Welche zentralen Motive finden sich in Dramen des 18. Jahrhunderts?
- Analyseergebnisse: Zentrale Motive
- Analyseergebnisse: Typische Argumentationsmuster
- Struktur von ›Argumentieren‹
- Möglichkeiten der Förderung von Argumentationskompetenz
- Kann man Argumentationskompetenz messen?
- Was ist literaturwissenschaftliche Motivanalyse?
- Wie analysiert man literarische Motive?
- ›weil der Tobi das will‹ – Typische Argumentationsmuster von Schul-
  kindern
- Wie Schulkinder argumentieren
- Argumentieren bei Schulkindern – was heißt das?
- Motivanalyse – was heißt das?
- Begriffsbestimmung: Argumentationskompetenz
- Begriffsbestimmung: Motivanalyse
- Die Problematik der Motivanalyse
- Dimensionen von Argumentationskompetenz
- ...

4.4.5.3 | Muster: Die Dezimalgliederung

Im Folgenden finden Sie das heute überwiegend übliche Muster der Dezimalgliederung. Andere Gliederungsformen arbeiten mit römischen Ziffern und/oder Buchstaben. Fragen Sie auch hier nach, ob ihr Dozent/Ihre Dozentin eine bestimmte, von dem gezeigten Muster abweichende Form wünscht.

Einleitung	S. x
1 Oberkapitel	S. x
1.1 Unterkapitel	S. x
1.2 Unterkapitel	S. x
1.3 Unterkapitel	S. x
2 Oberkapitel	S. x
2.1 Unterkapitel	S. x
2.1.1 Unterkapitel	S. x
2.1.2 Unterkapitel	S. x
2.1.3 Unterkapitel	S. x
2.2 Unterkapitel	S. x
2.2.1 Unterkapitel	S. x
2.2.2 Unterkapitel	S. x
3 Oberkapitel	S. x
3.1 Unterkapitel	S. x
3.2 Unterkapitel	S. x
4 Fazit	S. x
5 Literatur	S. x
6 Anhang	S. x

Abb. 4.4:
Musterblatt

4.4.5.4 | Beispiele aus der Praxis: Gliederungen

Im Folgenden finden Sie, wie bereits erwähnt, Beispiele für Gliederungen aus kurzen Fachtexten und Studierendentexten. Auch hier lohnt es sich, die Gliederungen bewusst zu betrachten und zu versuchen, die Logik der jeweiligen Gliederung nachzuvollziehen. Weitere authentische Beispiele aus Studierendentexten finden Sie zudem im Anhang 7.7.1.

Profi-Beispiele

›**Profi‹-Gliederungen**

Heinz-Helmut Lüger (2001): »*Höflichkeit und Höflichkeitsstile*«

1. Was ist sprachliche Höflichkeit?
2. Genügen universelle Höflichkeitsmodelle?
3. Wie wird Höflichkeit sprachlich ausgedrückt?
    3.1 Handlungsbereich AUFFORDERN

Thomas Niehr (2011): »Von der ›Fremdwortseuche‹ bis zur ›Sprachpanscherei‹. Populäre Fremdwortkritik gestern und heute«

Svenja Sachweh (2003): »so frau adams↓ guck mal↓ ein feines bac-spray↓ gut↑«. Charakteristische Merkmale der Kommunikation zwischen Pflegepersonal und BewohnerInnen in der Altenpflege.

Gliederung aus einer Hausarbeit in der Literaturwissenschaft

Studentische
Beispiele

Benedikt Mediger: *Dialektik der Absenz. Schweigen und Verstummen in den Gedichten Paul Celans vor dem Hintergrund der Diskussion über die Möglichkeit einer Lyrik nach Auschwitz*

Gliederung aus einer Hausarbeit in der Linguistik

Varina Weber: *Imagebedrohungen in MMOPRGs am Beispiel von »Word of Warcraft«*

1 Einleitung
2 Definitionen und allgemeine Informationen zu Word of Warcraft und Massively Multiplayer Online Role-Playing Games (MMORPG)
  2.1 Definition von MMORP-Spielen
  2.2 Übersicht und Spielprinzip des MMORP-Spieles World of Warcraft
  2.3 Spielerkommunikation in Word of Warcraft
    2.3.1 Chatkommunikation
    2.3.2 Kommunikation über TeamSpeak und durch Gesten
  2.4 Die Belästigungsbestimmungen von Blizzard Entertainment
3 Imagearbeit nach Holly
  3.1 Der Begriff ›Image‹ nach Holly
  3.2 Imagebildung trotz Anonymität?
  3.3 Techniken der Imagearbeit
    3.3.1 Bestätigende Gesprächssequenzen
    3.3.2 Korrektive Gesprächssequenzen
    3.3.3 Nicht-kooperative Gesprächssequenzen
4 Analysen von Beispielen der Chatkommunikation mit besonderem Blick auf die Imagearbeit
  4.1 Imagebedrohungen in den Chatverläufen 1 und 2
  4.2 Imagebedrohungen in den Chatverläufen 4 und 5
  4.3 Imagebedrohungen im Chatverlauf 3
5 Fazit
6 Quellen- und Literaturverzeichnis
7 Anhang
  7.1 Emoticons
  7.2 Tabellen
  7.3 Abbildungen
  7.4 Chatverläufe 1–5

4.5 | Lesen, Verstehen, Exzerpieren und Paraphrasieren

Für jede Hausarbeit ist die Lektüre wissenschaftlicher Werke die Grundlage. Aber: Lesen allein genügt nicht – Sie müssen das Gelesene in Ihrer Hausarbeit aktiv verarbeiten.

Ziel der Lektüre ist
- dass Sie den Text, seinen Aufbau und den Argumentationsgang **verstanden** haben, dass Sie die **Grundgedanken** erfasst haben
- dass Sie erkannt/herausgearbeitet haben, was **für Ihre Fragestellung von Bedeutung** ist
- dass Sie sich an die für Ihre Fragestellung relevanten Inhalte **erinnern** können

- dass Sie die relevanten Inhalte ggf. korrekt in der Hausarbeit **zusammenfassen** und in eigenen Worten darstellen können – und dabei stets **belegen** können, in welchem Werk und auf welcher Seite die thematisierten Inhalte zu finden sind
- dass Sie bei Bedarf passende wörtliche **Zitate** zur Verfügung haben
- dass Sie die von Ihnen gelesenen Texte zueinander **in Bezug setzen** können, d. h. Positionen/Aspekte/Methoden/Ergebnisse etc. diskutieren, vergleichen und bewerten können.

4.5.1 | Strukturen im Text erkennen

Die Autorinnen und Autoren von Texten verwenden bei der Gestaltung ihres Textes vielerlei gliedernde und strukturierende Verfahren. Bewusstes Wahrnehmen solcher Gliederungs- und Strukturierungsverfahren hilft beim Lesen und Verstehen.

Textstruktur erkennen

- **Das Abstract – der Aufsatz als Expresso:** Ziele, Methoden, Vorgehensweise, Ergebnisse werden zusammengefasst – unbedingt sorgfältig lesen, falls vorhanden!
- **Überschriften und Zwischenüberschriften** geben erste Informationen zum Inhalt des Textes oder Kapitels.
- **Die Kapiteleinteilung** gibt Auskunft darüber, wie die einzelnen Themenbereiche einander zugeordnet sind (Über- und Unterordnung) und welche Bedeutung ein Thema im Gesamtkontext hat (erkennbar an der Seitenzahl, die das Kapitel umfasst sowie seine Einordnung als Hauptkapitel, Unterkapitel erster/zweiter/dritter Ordnung).
- **Gliederung im Kapitel:** Durch weitere Untergliederung, also z. B. alphabetische Gliederung in a, b, c etc. oder römische Zahlen sowie Spiegelstriche u. Ä. kann innerhalb von Kapiteln Auskunft zu Strukturierung und Über- und Unterordnungsverhältnisse gegeben werden.
- **Abschnitte** sind normalerweise Sinneinheiten, in einem Abschnitt findet sich meist ein zusammenhängender Gedankengang.
- **Grafische Hervorhebungen:** Kursiv- und Fettdruck, Unterstreichung, Rahmung, Farbe u. Ä. sind Mittel, mit denen häufig zentrale und relevante Information hervorgehoben wird.
- **Strukturierende Wendungen und Begriffe:** Es gibt viele metasprachliche Wendungen und problemstrukturierende Begriffe, mit denen die Autor/innen auf die Gliederung eines Textes und die Bedeutung des – auf diese Wendungen und Begriffe nachfolgenden – Textes hinweisen. Versuchen Sie, einen Blick dafür zu bekommen, denn so lernen Sie, die Grundstruktur eines Textes zu erfassen. Unten werden einige Beispiele präsentiert.

Checkliste

4.5.2 | Strukturierende Wendungen und Begriffe

Werden Sie beim Lesen sensibel für sprachlich angezeigte Strukturierungen und zentrale inhaltliche Begrifflichkeiten! Im Folgenden finden Sie einige Beispiele für solche sprachlichen Ausdrücke:

insbesondere – von besonderer Relevanz ist – besonders hervorzuheben ist – nicht vernachlässigt werden darf – zentral ist u. Ä.
   Mit diesen und ähnlichen Fokussierungsformulierungen weist der/die Autor/in darauf hin, dass eine für die Argumentation wichtige Aussage folgt.

zum einen ... zum anderen – einerseits... andererseits – sowohl ... als auch – nicht nur.. sondern auch u. Ä.
   Durch solche und ähnliche zweiteiligen Konstruktionen wird deutlich, dass zwei Perspektiven/Aspekte o. Ä. unterschieden und relevant gemacht werden: Stellen Sie sicher, dass Sie beide Perspektiven/Aspekte wahrgenommen haben! In welches Verhältnis werden die beiden Aspekte gesetzt?

zum Ersten – als Erstes
   Es folgt eine Darstellung verschiedener Aspekte: Finden Sie heraus, wie viele und stellen Sie sicher, dass Sie alle inhaltlich wahrgenommen haben!

Explizite Zahlenangaben (z. B. *es können vier Ebenen unterschieden werden*)
   Es wird oft vorausgeschickt, dass (und wie viele) Differenzierungen im folgenden Text gemacht werden: Stellen Sie sicher, dass Sie alle Differenzierungen wahrgenommen haben und dass Sie wissen, was Gegenstand der Unterscheidung/Perspektivierung etc. ist.

der Zusammenhang zwischen A und B – die Verbindung von A und B – A und B stehen in einem Verhältnis x – die Interdependenz von A und B – die wechselseitige Bedingtheit von A und B u. Ä.
   Es wird eine bestimmte Beziehung zwischen A und B wird angenommen: Stellen Sie sicher, sie verstanden haben, was genau in welcher spezifischen Weise miteinander in Bezug gesetzt wird.

die These – die Annahme – die Prämisse – die Hypothese – ich gehe davon aus – es wird angenommen – es wird vorausgesetzt u. Ä.
   Es wird eine grundlegende Aussage getroffen, auf die häufig die Argumentation nachfolgend aufbaut oder von der man sich abgrenzt und die man diskutiert.

im Folgenden will ich mich mit ... befassen – im nächsten Kapitel geht es um – Gegenstand der Betrachtung ist – es soll gefragt werden – es soll eine Antwort auf ... gefunden werden u. Ä.

Die Fragestellung/eine Teilfragestellung im Folgenden formuliert, der Gegenstandsbereich wird umrissen.

als Beispiel – die folgenden Beispiele – beispielsweise – zum Beispiel – als Beispiel
Zumeist nimmt man beim Lesen die konkreten Beispiele wahr und erinnert sich auch oft an diese. Wichtig ist aber, dass Sie beim Lesen sicherstellen, dass Sie verstanden haben, **wofür** ein Beispiel ein Beispiel ist. Suchen Sie die Aussage(n) im Text, auf die sich das Beispiel bezieht!

als Begründung – begründend – weil – denn – deshalb – aus diesem Grund
Etwas wird begründet, gerechtfertigt, erklärt – stellen Sie auch hier sicher, dass Sie verstanden haben, was genau hier begründet/gerechtfertigt wird.

Ziel ist – zielt auf – hat zum Ziel – es soll gezeigt werden u. Ä.
Es gibt viele Formulierungen, mit denen der/die Autor/in darauf hinweist, dass im Nachfolgenden geklärt wird, wozu/zu welchem Zweck eine Untersuchung/Analyse/Interpretation durchgeführt wird.

Methode – methodisches Vorgehen – Vorgehensweise – Verfahren
Sie erfahren gleich etwas Relevantes, nämlich etwas über die Methodik der Untersuchung

4.5.3 | Exzerpieren und andere Formen der Textauswertung

Beim Lesen wissenschaftlicher Texte gibt es verschiedene Möglichkeiten, die ›Lesefrüchte‹ zu sammeln. Welche der unten genannten Methoden sinnvoll ist, hängt davon ab, wie intensiv Sie sich mit dem Text auseinandersetzen möchten und in wieweit Sie den Text in die Hausarbeit einbinden möchten.

Erklärung

Wissenschaftliches Lesen ist aktives Lesen!
Dies bedeutet:
- Fragen an den Text stellen/Leseziele bestimmen: Was will ich von dem Text wissen? Etwa: *Was versteht der Autor unter X?* oder *Welche Ursachen gibt es für X?* oder *Wie kann man X untersuchen?*
- systematisch unterstreichen
- systematisch Randbemerkungen machen
- systematisch exzerpieren
- Notizen während des Lesens machen, zusammenfassen
- Visualisierungsmethoden für den Überblick über den Text nutzen (z. B. Mindmap, eigene Grafiken, Flussdiagramme etc.)

4.5.3.1 | Systematisch Unterstreichen

- Vor dem Unterstreichen: Text am besten einmal komplett lesen, sonst unterstreicht man schnell zu viel. Auch wenn man beim ersten Lesen nicht auf Anhieb alles versteht, gewinnt man doch einen Überblick über Struktur und Argumentation des Textes.
- Nach festem System unterstreichen, z. B. rot = generalisierende Aussage, gelb = Beispiele, blau = Definitionen/Begriffsklärungen etc.

So besser nicht!

Beispiel für nicht sinnvolles Unterstreichen (vgl. hierzu auch das Beispiel bei Stary/Kretschmer 1994, S. 107)

<u>Das Wissen um die Natur und die Eigenschaften der Beispielfälle beeinflusst</u> <u>eine Person in ihrer Entscheidung, ob eines oder sehr wenige Beispiele aus-</u> <u>reichend sind, um allgemeine Schlüsse daraus abzuleiten.</u> Nach Johnson-Laird sind wir z. B. im Falle eines seltenen, stromleitenden Elementes bereit, <u>von einer Probe dieses Elementes aus induktiv zu schließen,</u> dass jede Probe dieses Elementes stromleitend ist <u>und zwar deshalb, weil wir wissen, dass</u> <u>die Eigenschaften chemischer Elemente normalerweise *nicht* variieren. Bei</u> <u>Eigenschaften oder Merkmalen, von denen wir wissen, dass sie von Fall zu</u> <u>Fall stark variieren können, (z. B. Eigenschaften / Merkmalen von Men-</u> <u>schen) sind wir dagegen weniger bereit, von einem einzelnen Fall aus zu ge-</u> <u>neralisieren.</u> Wissen um die Variabilität von Eigenschaften führt auch Kien-<u>pointner (1992) aus argumentationstheoretischer Perspektive an, um zu er-</u> <u>klären, warum eine Verallgemeinerung aus nur einem Beispielfall in der All-</u> <u>tagsargumentation als angemessen betrachtet werden kann</u> (vgl. dazu Kapitel 3.2.3.). Man kann mit diesem Konzept erklären, warum in manchen Fällen in der natürlichsprachlichen Argumentation Schlüsse, die auf wenigen Beispielen oder sogar nur einem Beispiel beruhen, den Kommunikationsbeteiligten in manchen Fällen als akzeptabel und in anderen Fällen als angreifbar erscheinen. <u>In der psychologischen Urteilsforschung ist jedoch auch die</u> <u>gegenteilige Tendenz – nämlich häufige Bereitschaft von Menschen zur Ge-</u> <u>neralisierung aus dem untypischen Einzelfall – empirisch belegt. Bei Urteils-</u> <u>prozessen, in denen Aussagen über Häufigkeit und Wahrscheinlichkeit ge-</u> <u>fällt werden sollen, sind Menschen generell anfällig – nach den Ergebnissen</u> <u>der psychologischen Forschung – für verschiedene Wahrnehmungsfehler.</u>

4.5.3.2 | Randbemerkungen

Die folgende Unterscheidung von Gliederungsmöglichkeiten beruht auf der Idee von Stary/Kretschmer (1994, S. 108 f.).

Möglichkeit 1: Inhaltliches Gliedern

- Man liest Absatz für Absatz und versucht, den Inhalt bzw. Kerngedanken zu begreifen.
- Jeder Absatz wird mit mindestens einem inhaltlichen Leitwort versehen. Diese Leitwörter können entweder Wörter aus dem Text selbst sein (Stichwörter) oder selbst gewählte Begriffe (Schlagwörter).

Möglichkeit 2: Logisch-argumentatives Gliedern

- Es werden Randbemerkungen gemacht, die die logisch-argumentative Gliederung des Textes kennzeichnen.
- Es handelt sich dabei um metasprachliche Begriffe wie: *Fragestellung, Fazit, Methode, Kernthese, Beispiel, Definition, Schlussfolgerung, Analyse, Anliegen, Ansatz, Bedingung, Begriff, Begründung, Leitgedanke, Kritik, Einschränkung, Übersicht, Vergleich, Vorteil, Ziel, Wirkung, Zusammenfassung, Folge, Entstehung, Hintergrund, Grenzen* etc.
- Beispiele für solche Randbemerkungen wären: *Begründung für die zweite These* oder *Beispiel* oder *Auswertungsmethode*.

Kombination: Die Möglichkeiten 1 und 2 können natürlich auch kombiniert werden und haben dann einen besonders hohen Informationsgehalt. Solche Randbemerkungen könnten dann z. B. wie folgt aussehen: *Begriff Verständlichkeit nach Biere* oder *1. Beispiel für Ambiguität* oder *Kritikpunkt bzgl. Zwei-Kulturen-These: Gemeinsames Aufwachsen* oder *Auswirkung von face-Bedrohung*

4.5.3.3 | Exzerpieren

Eine gute Möglichkeit, sich mit dem Text aktiv auseinanderzusetzen, ist es, sich während des Lesens ›freie‹ Notizen zu machen und das Gelesene zu reformulieren.

Um sich einen Text systematisch zu erarbeiten und die eigenen Aufzeichnungen so zu gestalten, dass man sie direkt in die wissenschaftliche Arbeit einbinden kann, empfiehlt sich allerdings ein sogenanntes Exzerpt.

Ein Exzerpt ist eine »textreduzierende Textart, die den Primärtext komprimiert und reduziert für eine späteren Zeitpunkt verfügbar macht« (Moll 2002, S. 113). Dieser Reduktionsprozess erfordert es, die Struktur des Primärtextes mental zu rekonstruieren und eine Gewichtung der wesentlichen Inhalte vorzunehmen. Im Exzerpt wird der Text zusammengefasst und sinngemäß oder wörtlich wiedergeben.

Zweck des Exzerptes (vgl. Moll 2002, S. 113):
- Ein Exzerpt dient der **Reduktion des Primärtextes** unter Beibehaltung der wesentlichen Informationen.
- Ein Exzerpt dient der **Aneignung von Wissen**.
- Ein Exzerpt dient der **Gedächtnisentlastung**.

Zum Begriff

Die folgende Darstellung der Arten und Methoden des Exzerpierens und Paraphrasierens stützt sich auf die Darstellungen bei Stary/Kretschmer (1994) und Kruse/Ruhmann (1999) und Moll (2002).

Wann ist Exzerpieren sinnvoll? – In welchen Fällen bietet es sich an?
- **Zugänglichkeit:** Der Text kann nicht ausgeliehen/kopiert/gekauft/ online gelesen werden.

- **Auseinandersetzung/Aneignung:** Man will sich aktiv und intensiv mit dem Text/mit relevanten Teilen eines Textes auseinandersetzen und die wesentlichen Informationen festhalten und ggf. in der Hausarbeit ›verwerten‹.

Arten des Exzerpierens können folgendermaßen beschrieben werden:
- **Spezifische Fragestellung,** die sich aus dem eigenen Vorhaben, der eigenen Aufgabenstellung ergibt (z. B. ›Wie äußert sich die Autorin zu einem bestimmten Begriff?‹ ›Welche empirischen Ergebnisse gibt es zu Thema X‹?)
- **Globale Fragestellung,** bei der die Kerngedanken des gesamten Textes erfasst werden sollen (z. B. bei Schlüsselwerken für die Hausarbeit, für die Prüfungs- oder Seminarvorbereitung)

Niederlegung des Exzerptes: Das Exzerpt kann auf Papier verschriftlicht werden (›klassisch‹ sind hierbei große Karteikarten). Für die direkte Einbindung des exzerpierten Textes bei der Textverarbeitung mit dem Computer ist die Niederschrift in einer Datei oder Datenbank zu empfehlen.

Methode des Exzerpierens bei globaler Fragestellung

1. Schritt: Orientierung: Gewinnen Sie Überblick über die inhaltliche und formale Struktur des Textes (d. h. betrachten Sie Abstract, Einleitung, Kapitel, Unterkapitel, Absätze etc., s. dazu genauer Kapitel 5.4.1).

2. Schritt: Schriftliches Exzerpieren: Gehen Sie abschnittweise vor und erfassen Sie den gelesenen Text schriftlich nach zwei Aspekten:
- Wie lautet das Thema des Absatzes? (Wovon handelt er? Worüber informiert er?)
- Was wird über das Thema ausgesagt?

3. Schritt: Verdichten
- Die in jedem Absatz zusammengefassten Aussagen werden – im Hinblick auf die Überschrift des Unterkapitels – noch einmal nach subjektivem Ermessen zusammengefasst.
- Falls notwendig, werden diese Zusammenfassungen im Hinblick auf die Ober-Kapitelüberschriften nochmals zusammengefasst.
- Die zusammengefasste Version kann auch visualisiert werden, etwa durch ein Mindmap, einen Netzplan oder frei gestaltete Diagramme.

Grundregeln des Exzerpierens

- Vollständige, korrekte Literaturangabe am Anfang des Exzerptes darf nicht fehlen!
- Die wichtigsten Passagen sollten in eigenen Worten zusammengefasst werden. Hierbei unbedingt korrekt paraphrasieren (s. Kapitel 4.5.3.4).

- Im Exzerpt kann ausschnittsweise der Originaltext zitiert werden – dabei genaue Seitenangabe nicht vergessen!
- Das Exzerpt soll so gestaltet sein, dass man es in einem eigenen wissenschaftlichen Text weiterverwenden und einbauen kann.
- Im Wesentlichen sollte der Text nicht zitiert, sondern auf Kernaussagen reduziert und paraphrasiert werden.
- Eigene Gedanken, Ideen, Kommentare, Einschätzungen des Gelesenen sind ein wichtiger Bestandteil des Exzerpts.

4.5.3.4 | Paraphrasieren

Eine Paraphrase ist eine Wiedergabe und Zusammenfassung in eigenen Worten, d. h. der zitierte Text und der paraphrasierte Text müssen sich deutlich unterscheiden! Es müssen eigenständige Formulierungen gewählt werden, es darf kein verdecktes (fast) wörtliches Zitat entstehen. Auch im Exzerpt muss man korrekt paraphrasieren, damit man sein Exzerpt in die Arbeit ›einbauen‹ kann.

Bei einer Paraphrasierung muss (mit Seitenzahlen) belegt werden, woher die paraphrasierten Aussagen stammen bzw. auf welche Teile des Textes sich die paraphrasierende Zusammenfassung bezieht. Auf die fremde Autorenschaft muss im Text einer wissenschaftlichen Arbeit hingewiesen werden, etwa mit deutlichen Formulierungen wie: ›Der Autor vertritt die Position, dass ...‹ ›Nach Meinung der Autorin handelt es sich um...‹ (s. auch den Abschnitt zum indirekten Zitat in Kapitel 5.3.3.3). Korrekte Paraphrasen können dann direkt in den Text der wissenschaftlichen Arbeit übernommen werden.

Paraphrasieren: Ein Beispiel nach Kruse/Ruhmann (1999) | Beispiel

Originaltext
»Kurzum, die beratende Beziehung stellt eine Form sozialer Bindung dar, die sich von jedweder anderen Bindung unterscheidet, die der Klient bis dahin erfahren hat« (Rogers 1972, S. 83).

Zusammenfassung in eigenen Worten
(ohne Beleg, so nicht für die Übernahme in die Hausarbeit geeignet!):
Die Beziehung zwischen Therapeut und Klient ist für den Klienten eine unbekannte Form sozialer Bindung.

Korrekte, paraphrasierte neutrale Wiedergabe
Rogers betont, dass die Beziehung zwischen Therapeut und Klient für den Klienten eine unbekannte Form der sozialen Bindung ist (vgl. Rogers 1972, S. 83).

Korrekte, paraphrasierte Wiedergabe mit Wertung
Rogers behauptet pauschalisierend, dass die Beziehung zwischen Therapeut und Klient für den Klienten eine unbekannte Form der sozialen Bindung ist (vgl. Rogers 1972, S. 83).

4.5.3.5 | Kreative Methoden

Um sich den Gehalt des Gelesenen und die Struktur eines Textes zu erschließen, kann man auch hier als ersten Schritt Free Writing, Mindmap oder Cluster einsetzen (s. hierzu Kapitel 4.4.1.1). Dies hilft dabei, eine eigene Gewichtung vorzunehmen und freier und mutiger zu formulieren, die Gefahr des ›Klebens‹ am Text ist weniger groß. Zu diesen und anderen kreativen Techniken beim wissenschaftlichen Schreiben finden sich vielfältige Informationen und Vorschläge bei Lutz von Werder (1992, 1993).

4.6 | Sprachliche Gestaltung und wissenschaftlicher Stil

Die ›Wissenschaftlichkeit‹ und der ›wissenschaftliche Stil‹ eines Textes entstehen nicht nur durch bestimmte Merkmale und Prozeduren auf sprachlich-stilistischer Ebene, sondern auch durch bestimmte Regeln der Darstellung. Beide Aspekte werden in der nachfolgenden Auflistung erläutert (vgl. dazu auch Steinhoff 2009a, 2009b; Kruse 1997; Kruse 2007; Graefen 1997; Heinemann 2001).

4.6.1 | Sprachliche Korrektheit

Wissenschaftliche Textsorten zeichnen sich durch die Erfüllung der standardsprachlichen Normen aus.

- In einer wissenschaftlichen Arbeit wird eine korrekte **Orthographie** erwartet – hierbei gelten die Regeln der ›neuen‹ Rechtschreibung. Die amtliche Regelung in der überarbeiteten, aktuell gültigen Fassung von 2004 finden Sie frei zugänglich und im Wortlaut unter http://www1. ids-mannheim.de/fileadmin/service/reform/regelwerk.pdf. Auch in den aktuellen Ausgaben des Duden werden stets die ›neuen‹ Regeln angewendet, unter http://www.duden.de/hilfe/rechtschreibung findet man online Hilfe in Zweifelsfällen.
- Auch bei der **Zeichensetzung** wird Korrektheit erwartet – hierbei gelten ebenfalls die Regeln der ›neuen‹ Rechtschreibung.
- Bezüglich der **Grammatik** muss in einer wissenschaftlichen Arbeit ebenfalls Fehlerfreiheit angestrebt werden. Einige häufiger beobachtbare Fehler sind z. B. pronominale Kongruenzfehler, wie z. B. ›Es gibt zur Erforschung von Jugendsprache verschiedene soziolinguistische Methoden, *dieses* werde ich im Folgenden genauer erläutern‹, unvollständige Sätze, die Verwendung von Nebensätzen als selbstständige Hauptsätze oder Genus-Fehler bei der Verwendung von Artikeln bei Fachtermini (z. B. ›der Partikel‹ zur Bezeichnung der Wortart).
- Die Beherrschung der deutschen Rechtschreibung, Grammatik und Zeichensetzung wird vorausgesetzt. Erhebliche Mängel in diesen Bereichen können zur Abwertung der erzielten Note führen.

4.6.2 | Komplexität und Informationsverdichtung

Jeder Text sollte verständlich sein, aber Verständlichkeit ist ein relationaler Begriff: Jeder Text sollte verständlich für die angesprochene Adressatengruppe sein. Dies kann Unterschiedliches bedeuten: So sind stark komprimierte, ›schwierige‹ Wissenschaftstexte für erfahrene Wissenschaftler/innen des jeweiligen Faches und der jeweiligen Fachrichtung normalerweise durchaus ›verständlich‹, denn sie verfügen über entsprechende Wissensvoraussetzungen.

Textverständlichkeit wird sprachlich-strukturell nach den Erkenntnissen der Verständlichkeitsforschung vor allem erleichtert durch:

Merkmale

- wenig komplexe Sätze (Hauptsatz mit maximal zwei subordinierten Nebensätzen)
- moderate Satzlänge (maximal 20 Wörter sind z. B. die Obergrenze des Erwünschten bei dpa)
- Verwendung von Aktiv statt Passiv, z. B. kann der passivische Satz ›Der Text wurde von einem unbekannten Poeten verfasst‹ in den aktivischen Satz ›Ein unbekannter Poet verfasste diesen Text‹ transformiert werden.
- Vermeidung von langen und komplexen Attributen: Attribute sind Ausdrücke, die das vom Substantiv Bezeichnete näher bestimmen (vgl. Eisenberg 2006, S. 235). Im folgenden Satz sind z. B. alle kursiv gedruckten Teile einfache oder komplexe Rechts- oder Linksattribute zu einem der hervorgehobenen Substantive: »Das *schriftliche* **Gestalten** ist die *intensivste* **Form** *emanzipatorischer Spracherziehung*, weil diese **Art** *des Handelns* einen *hohen* **Grad** *von Bewusstheit über Handlungsmöglichkeiten* [...] verlangt« (Ingendahl 1972, S. 23).
- Vermeidung von durchgängigem Nominalstil. Bei einer Nominalisierung wird aus einem Verb oder Adjektiv ein Nomen. Aus Verständlichkeitsperspektive wird empfohlen, z. B. statt ›Es erfolgt eine Typologisierung‹ lieber ›Ich typologisiere‹ zu schreiben (weitere Beispiele s. auch unten).

Allerdings zeichnen sich gerade im Deutschen wissenschaftssprachliche Texte und der ›wissenschaftliche Stil‹ durch starke Informationsverdichtung (Nominalstil, Attributketten) und eine relativ hohe Passivfrequenz aus (vgl. Heinemann 2001, S. 705). Man kann so mit wenigen Worten komplexe Sachverhalte und Zusammenhänge darstellen. Allgemeine Verständlichkeitsmaximen und textsortentypische Charakteristika von wissenschaftlichen Fachtexten stehen also in einem gewissen Widerspruch zueinander.

Wissenschaftlicher Stil

Wie sollen Studierende schreiben? In Hausarbeiten wird normalerweise von Studierenden noch kein professionelles ›wissenschaftliches Schreiben‹ erwartet, aber Hausarbeiten sind bereits Übungen im ›akademischen Schreiben‹. Sie sollten sich in der Hausarbeit in erster Linie darum bemühen, komplexe Sachverhalte und Zusammenhänge folgerichtig und verständlich in sachlichem Stil (s. unten) und unter korrekter Verwendung von Fachtermini darzustellen. Die allmähliche Annäherung an den ›wissenschaftlichen Stil‹ soll nicht zu miss- und unverständlichen Formulierungen führen. Bei Hausarbeiten ist es meist sinnvoll, sich als Adressatenkreis interessierte, thematisch fachkundige Mitstudierende vorzustellen, die über ähnliche Wissensvoraussetzungen wie man selbst verfügen.

Akademischer Stil

4.6.3 | Stilebene: sachlich und formell

In wissenschaftlichen Texten herrscht in aller Regel ein sachlicher Stil vor. Um Ihnen eine Grundidee von ›sachlich‹ und ›formell‹ zu geben, dienen die folgenden Gegenüberstellungen, d. h. ein wissenschaftlicher Text ist:

- formell, nicht umgangssprachlich-informell (wie etwa ›Faust war ziemlich genervt von Gretchen‹ oder ›Bei dieser Untersuchung kam gar nichts Gescheites heraus‹)
- sachlich, nicht emotional (wie etwa ›Dies ist eine empörend unsystematische Untersuchung, die in dieser Form niemals hätte veröffentlicht werden dürfen‹)
- sachlich, nicht persönlich (wie etwa ›Ich interessiere mich sehr für diesen Aspekt, deshalb werde ich im nächsten Kapitel darauf ausführlich eingehen‹)
- sachlich, nicht ironisch oder lustig (wie etwa ›Diese ›bahnbrechende‹ Erkenntnis formuliert der Autor immer wieder an verschiedenen Stellen seines Werkes, damit wir sie als Leser auf keinen Fall vergessen‹)

4.6.4 | Ich-Ferne

Deutsche wissenschaftliche Texte zeichnen sich i. d. R. dadurch aus, dass statt ›ich‹ andere sprachliche Mittel verwendet werden, wenn der/die Verfasser/in auf sich selbst Bezug nimmt (=Verfasserreferenz). Dies soll einerseits den Allgemeinheitsanspruch des Textes unterstreichen und andererseits die Sache selbst – und nicht den Autor/die Autorin – in den Vordergrund rücken.

Niemals »ich«?   »Ein Wissenschaftler sagt nicht Ich« formulierte Weinrich (1989, S. 132) zugespitzt – aber dies gilt nur eingeschränkt. Die korpusbasierte Untersuchung wissenschaftlicher Artikel von Graefen (1997) zeigte z. B. nachfolgend zitiertes Ergebnis:

> »Je mehr ein Autor **explizite Orientierungshilfen wie Ankündigungen und Zusammenfassungen** formuliert, also über seine **eigenen Planungen und Entscheidungen** informiert, desto eher und häufiger ist auch der Gebrauch von *ich* oder *wir* zu erwarten. [...] Wenn die meisten Autoren ihre textdisponierende Tätigkeit als ihre Vermittlungsleistung gegenüber dem Leser versprachlichen, so spiegelt sich darin eine wichtige Unterscheidung [...]: An den Autor als ›Sachwalter‹ der Wissenserweiterung wird zugleich ein anderer Maßstab angelegt, nämlich der, einen Text so zu gestalten, daß er Mittel der Verständigung sein kann; vor dieser Aufgabe steht er als besondere Person mit seinen kommunikativen Mitteln und Fähigkeiten. Innerhalb des **Basistexts**, also des Teils, der **die wissenschaftliche Mitteilung des jeweiligen Artikels** enthält, ist es andererseits selten erforderlich, daß der Autor sich selbst als Sprecher exothetisiert.« (Graefen 1997, S. 202, Hervorh. d. Verf.)

Auch Steinhoff (2009a) kommt zu einer ähnlichen Spezifizierung. In seinen Untersuchungen zeigt sich, dass das verfasserreferenzielle ›ich‹ in deutschen wissenschaftlichen Texten »keineswegs in allen denkbaren Zusammenhängen verwendet wird, sondern sehr gezielt benutzt wird, in Kombination mit anderen domänentypischen Mitteln, und dies stets in spezifischen Teiltexten, die vornehmlich der Wissensorganisation oder der Wissenserweiterung dienen« (Steinhoff 2009a, S. 104). Kruse geht davon aus, »dass in Einleitungen, im Methodenteil und im Ausblick durchaus eine ichbezogene Sprache verwendet werden kann. Auch wenn man die Vorgehensweise oder den analytischen Weg aufzeigt, den man in einem Text eingeschlagen hat, kann man ichbezogen sprechen.« (Kruse 2007, S. 107).

Es zeigt sich also, dass das ›ich‹ in bestimmten Teilen einer wissenschaftlichen Arbeit üblich ist, aber im Basistext überwiegend mit anderen Mitteln der Verfasserreferenz gearbeitet wird, durch die das ›ich‹ vermieden wird. Im Folgenden werden die wichtigsten sprachlichen Mittel hierfür dargestellt (vgl. dazu Steinhoff 2009a, S. 103 f.; Kruse 2007, S. 108 f.).

Typische Mittel der Verfasserreferenz in wissenschaftlichen Texten

Beispiele

Das planende und forschende ›ich‹ wird explizit genannt
Beispiel: *Ich gehe von der Annahme aus, dass ...*

Die Abkürzung ›versteckt‹ den/die Autor/in: m. E. (= meines Erachtens)
Beispiel: *Ich denke, dass dies ein vernachlässigter Aspekt dieses Modell ist* wird zu *Dies ist m. E. ein vernachlässigter Aspekt dieses Modells.*

›Wir‹ – der ›Pluralis Majestatis‹: Die Verwendung des Personalpronomens im Plural gilt häufig als veraltet, es sollte nur von Expert/innen eines Themengebietes verwendet werden. Für Studierendenarbeiten ist es nicht zu empfehlen.
Beispiel: *Wie ich im zweiten Kapitel bereits gezeigt habe...* wird zu *Wie wir im zweiten Kapitel bereits gezeigt haben ...*

Passiv: In Passiv-Konstruktionen muss die handelnde/verursachende Person nicht erwähnt werden. Der Vorgang/das Geschehen wird in den Vordergrund gerückt.
Beispiele:
Ich bevorzuge diese Deutung wird zu *Diese Deutung wird bevorzugt*
Ich frage hier wird zu *Hier wird/kann/darf/muss/sollte gefragt werden...*

Nominalisierungen: Das ›ich‹ kann vermieden werden, wenn ein Handlungsverb nominalisiert wird. Der Schwerpunkt wird auf den Vorgang gelenkt, der Handelnde selbst muss nicht mehr genannt werden und tritt in den Hintergrund.
Beispiele:
Mit Handlungsverb: *Ich **behandle** diesen Aspekt gesondert.*
Nominalisierung: *Die **Behandlung** dieses Aspektes erfolgt gesondert.*
Mit Handlungsverb: *Ich **analysiere** das Werk in drei Schritten.*
Nominalisierung: *Die **Analyse** des Werkes geschieht in drei Schritten.*
Mit Handlungsverb: *Ich **typologisiere** die Formen nach funktionalen Kriterien.*
Nominalisierung: *Die **Typologisierung** erfolgt nach funktionalen Kriterien.*

Funktionsverbgefüge: Funktionsverbgefüge sind feste Verbindungen, die aus einer Nominalisierung (eines Verbs oder Adjektivs) und einem Verb bestehen. Das Verb hat in diesen Konstruktionen nur noch funktionale Bedeutung. So kann man z. B. ›Berücksichtigung finden‹ sagen statt ›berücksichtigen‹. ›Finden‹ hat in dieser Konstruktion nicht mehr die Bedeutung von ›durch Suchen oder zufällig auf etwas stoßen‹.
Beispiel:
Ich werde dies im nächsten Kapitel berücksichtigen wird zu *Dies findet im nächsten Kapitel Berücksichtigung.*

Infinitivkonstruktion
Beispiel:
Ich diskutiere im Folgenden, wie ... wird zu *Im Folgenden ist zu diskutieren, wie ...*

›man‹ in Subjektposition dient v. a. auch dazu, Allgemeingültigkeit auszudrücken oder wird in Fällen verwendet, in denen das handelnde Subjekt irrelevant oder unbekannt ist.
Beispiele:
Ich gehe davon aus wird zu *Man geht davon aus*
Ich verstehe unter ›anwendungsbezogen‹ wird zu *Man versteht unter ›anwendungsbezogen‹ ..*

Pseudoagens: Bei Handlungsverben wird statt eines belebten, willentlichen Urhebers ein sog. Pseudo-Agens eingesetzt.
Beispiele:
Ich zeige durch meine Analyse wird zu *Die Analyse zeigt*
Im folgenden Kapitel gehe ich darauf genauer ein. wird zu *Das folgende Kapitel geht darauf genauer ein.*

Deagentivierung durch Adjektive mit Suffix -bar und -lich
Beispiele:
Ich kann eine Einschränkung des Anwendungsbereiches nicht vermeiden, wird zu *Eine Einschränkung des Anwendungsbereiches ist unvermeidbar.*
Ich kann eine Tendenz zur Informalität erkennen wird zu *Eine Tendenz zur Informalität ist erkennbar.*

4.6.5 | Fachbegriffe statt Alltagsbegriffe

In Ihrer Arbeit sollten Sie Fachbegriffe verwenden und keine ›unscharfen‹ Alltagsausdrücke. Vorsicht, häufig gibt es zudem eine Alltagsbedeutung und eine Fachbedeutung von gleichlautenden Ausdrücken! So untersucht man bei der ›Beziehungsgestaltung‹ in der Interaktionsanalyse nicht die Umfangsformen eines Liebespaares!

Für die Fragestellung zentrale Fachbegriffe sollten Sie präzisieren/definieren: Dies bedeutet zu schreiben, in welchem Sinn man den Fachbegriff versteht und verwenden will (dies kann im Fachdiskurs auch unterschiedlich sein, bzw. sich unterschiedlich entwickelt haben oder je nach ›Schule‹ unterschiedlich sein).

Dabei muss auf die Begriffsbestimmungen in Fachtexten und Fachlexika zurückgegriffen werden. Fachbegriffe können *nicht* mit DUDEN-Erklärungen oder Wikipedia-Einträgen präzisiert werden – dies ist ein häufig zu beobachtender Fehler in Hausarbeiten.

Fachbegriffe müssen immer im gesamten Text beibehalten werden. Sie sollten auf keinen Fall aus Gründen der stilistischen Abwechslung versuchen, andere, ähnliche Ausdrücke zu finden und zu verwenden (Prinzip ›Rom bleibt Rom‹).

Rom bleibt Rom

Stellen Sie zudem sicher, dass Sie Fremdwörter korrekt verwenden, oft falsch verstanden und verwechselt werden z. B. ›ideal‹ und ›ideell‹, ›differenziert‹ und ›dezidiert‹ oder ›essentiell‹ und ›existenziell‹ (vgl. dazu Fischer 2015, S. 166 f.).

4.6.6 | Paraphrasieren, Zitieren, Intertextualität

In einer wissenschaftlichen Arbeit baut der/die Autor/in auf vorhandene Erkenntnisse, Theorien, Begrifflichkeiten und Methoden im Fach auf. Wissenschaftliches Schreiben bedeutet stets Bezugnahme auf und Auseinandersetzung mit dem wissenschaftlichen Fachdiskurs. Damit geht der (explizite oder implizite) Verweis auf die Texte anderer Wissenschaftler/innen in diesem Diskurs einher (Intertextualität). Dies geschieht in großer Zahl durch (direkte oder indirekte) Zitate und paraphrasierende Zusammenfassungen – als explizite intertextuelle Verweise sind sie ein Kennzeichen wissenschaftlicher Texte.

Feilke sieht deshalb auch das Zitieren als eine zentrale Praktik des wissenschaftlichen Schreibens an:

»Wissenschaftliches Schreiben ist als literale Praktik dadurch bestimmt, dass eine Fragestellung unter Rückgriff auf den Forschungsstand und unter Berücksichtigung und Integration multipler Textquellen in den Schreibprozess bearbeitet wird. Der textliche Modus dieser intertextuellen Praktik [...] ist das Zitieren. Texte anderer werden für die *eigene* Problembearbeitung und Argumentation genutzt. Erst das macht den wissenschaftlichen Autor aus« (Feilke 2016, S. 269).

Zentrale Praktik

Wissenschaftliches Schreiben sei ein »textverarbeitendes Schreiben« bei dem »das Lesen die Inhalte fremder Texte mit Blick auf deren Verstoffwechslung im eigenen Schreiben verarbeitet« (ebd., S. 269).

Wie Sie formal und inhaltlich korrekt den Bezug zu anderen wissenschaftlichen Werken und Autor/innen herstellen, wird in Kapitel 5.3 erklärt.

4.6.7 | Wissenschaftstypische Paratexte

In wissenschaftlichen Arbeiten finden sich den eigentlichen Text begleitende/ergänzende Textteile, wie Inhaltsverzeichnis, Literatur-/Quellenverzeichnis, Abbildungsverzeichnis, Anhang, Personenregister, Sachregister und Anmerkungen, aber auch Widmungen und Danksagungen. Dies sind typische Bestandteile eines wissenschaftlichen Textes, die den Basistext begleiten und Orientierung über Inhalt und Struktur bieten. So zeigt z. B. auch eine Danksagung, in welchem Forschungskontext der/die Autor/in sich verortet und welcher ›Richtung‹ oder ›Schule‹ er/sie sich zugehörig fühlt. Je nach wissenschaftlicher Textsorte sind bestimmte Paratexte üblich, ein Abstract findet sich z. B. in der Regel nur vor Fachaufsätzen, Sach- und Personenregister nur in Monographien. Welche Textbestandteile auf jeden Fall in einer studentischen Arbeit notwendig sind, wird in Kapitel 3.2 gezeigt.

4.6.8 | Belegen und Begründen von potenziell Strittigem

Deskriptive Aussagen (z. B. ›Grundschüler von heute lesen viel weniger als frühere Generationen‹) müssen durch Bezugnahme auf Aussagen anderer Forscher/innen und/oder empirischen Daten aus seriöser Quelle belegt werden, es sei denn, es handelt sich um allgemein geteiltes Weltwissen (›Die Erde ist rund‹, ›In Deutschland herrscht Schulpflicht‹ etc.).

Normative Aussagen (Urteile, Bewertungen, Einschätzungen, Handlungsempfehlungen etc.) wie ›Eine der zentrale Funktionen des alltäglichen Erzählens ist die Selbstdarstellung des Erzählers‹, ›Das Motiv des Teufels ist in diesem Werk zentral‹ oder ›Der Erzählkreis ist nicht geeignet, Erzählkompetenz von Grundschulkindern zu fördern‹ müssen argumentativ begründet bzw. gerechtfertigt und/oder durch Bezugnahme auf Forschungsliteratur belegt und/oder durch eigene Analysen plausibilisiert werden. In der wissenschaftlichen Hausarbeit kann man nicht einfach ohne Begründung und Stützung durch fachliche Argumentation eine ›eigene Meinung‹ äußern.

Unbelegte, nur auf Vermutungen, Pauschalisierungen, Klischees und Stereotype beruhende Behauptungen und Urteile (wie ›Jedem ist sicher schon einmal aufgefallen, dass Frauen und Männer verschieden sprechen‹, ›Die Jugend hält nicht viel von Höflichkeit‹) gehören nicht in wissenschaftliche Arbeiten. Solche populären Vereinfachungen können aber z. B. in der Einleitung als ›Aufhänger‹ genommen werden, um auf eine differenzierte Fragestellung überzuleiten.

4.6.9 | Darstellungs- und Argumentationslogik, Kohärenz und Widerspruchsfreiheit

Wissenschaftliche Texte sollten widerspruchsfrei sein, d. h. Behauptungen und Bewertungen, die in einem Teil der Arbeit als gültig und angemessen dargestellt wurden, können nicht in einem anderen Teil negiert oder vernachlässigt werden. So kann man z. B. nicht behaupten, Methode X sei für die Analyse von Y wenig geeignet und dann nach genau dieser Methode bei der Untersuchung von Y vorgehen. Anders verhält es sich natürlich mit Annahmen und Hypothesen, die im Lauf der Arbeit untersucht, geprüft und ggf. widerlegt oder modifiziert werden: Hier stellt die modifiziere Aussage oder Bewertung das Ergebnis des Forschungsprozesses dar.

Wissenschaftliche Texte sollten insgesamt einer erkennbaren Darstellungs- und Argumentationslogik folgen, die sich z. T. bereits an der Gliederung ablesen lässt, sich aber wesentlich im Textverlauf erschließt. In geisteswissenschaftlichen Arbeiten wird im Text fachlich argumentiert, d. h. dass Konklusionen durch Argumente begründet und ggf. durch empirische Daten, Beispiele u. Ä. gestützt werden. Grundsätzen des Belegens und Begründens wurden bereits im Kapitel 4.6.8 ausgeführt.

Der/die Leser/in muss bei der Rezeption eines wissenschaftlichen Textes einen gedanklichen/konzeptionellen Zusammenhang zwischen den Sätzen und Textteilen erschließen können (Kohärenz). Es handelt sich z. B. um kausale (A weil B), chronologische (erst A, dann B) oder konzessive (A obwohl B) Zusammenhänge. Solche Zusammenhänge zwischen Äußerungen erschließen sich einerseits kontextuell und aufgrund von Welt- und Fachwissen, müssen aber auch, wo notwendig, explizit sprachlich ausgedrückt werden (z. B. durch Verknüpfungsausdrücke wie *weil*, *deshalb*, *also*, *denn*, *obwohl* etc.) oder durch Ein- und Überleitungen zu Kapiteln oder Textteilen, die klären, in welchem Zusammenhang die Teile zueinander stehen.

Kohärenz

Achten Sie auf eine exakte und korrekte Verwendung von sprachlichen Mitteln: Wenn Sie z. B. ›demzufolge‹ schreiben, bedeutet dies, dass sie das Nachfolgende aus dem zuvor Gesagten folgern/ableiten. Es handelt sich nicht um eine Art unverbindliche Einleitungsfloskel für einen Satz oder Absatz.

4.6.10 | Strukturiertheit und Gegliedertheit

Ein wissenschaftlicher Text ist sinnvoll und einheitlich gegliedert, vor allem durch Überschriften und in den meisten Fällen auch durch gestaffelte Nummerierung, die das Verhältnis der Kapitel zueinander verdeutlicht.

Die inhaltliche Gliederung ist zudem erkennbar an der Einteilung in Absätze, die Subsumierung unter Überschriften sowie die Einteilung in Haupt- und Unterkapitel, die die Zuordnung und die Gewichtung der Textteile deutlich machen. Bezüge zwischen den Kapiteln einer Arbeit werden explizit im Zwischenfazit sowie durch Kapitelein- und -ausleitungen verdeutlicht.

4.6.11 | Überprüfbarkeit und Nachvollziehbarkeit

Jede/r Leser/in einer wissenschaftlichen Arbeit muss nachvollziehen können, können, wie und auf welcher Grundlage der Autor/die Autorin zu den Ergebnissen seiner/ihrer Arbeit gekommen ist. Die Autor/innen begründen, stützen und plausibilisieren nachvollziehbar ihre Behauptungen in einer – in der betreffenden Fachwissenschaft anerkannten – Art, legen ihre Quellen offen und belegen alle Formen von Übernahmen und Bezugnahmen auf die Erkenntnisse und Daten anderer Forscher/innen. Es wird belegt und ggf. im Anhang dokumentiert, welches Material zur Untersuchung/Analyse/Interpretation herangezogen wurde und/oder welche Daten mit welcher Erhebungsmethode erhoben worden und wie diese (d. h. mit welcher Methode, mit welchem Auswertungsverfahren, mit welchen Analysekategorien bzw. -ansatz) ausgewertet/interpretiert worden sind.

Intersubjektivität

In wissenschaftlichen Texten wird vom Leser/der Leserin also nicht gefordert, etwas ›einfach so‹ zu glauben. Das Stichwort für wissenschaftliches Arbeiten ist hier ›intersubjektive Überprüfbarkeit‹, d. h. die Begründungen von Behauptungen und das Zustandekommen von Forschungsergebnissen müssen von Prinzip her für *jeden* Menschen (›intersubjektiv‹) einsichtig/nachvollziehbar sein – und nicht nur ›subjektiv‹ für den Autor selbst erkennbar sein. Hafez (2011) stellt heraus, dass moderne Wissenschaftstheorie nicht mehr von einem absoluten Anspruch auf ›Objektivität‹ ausgehen sondern »wir sprechen heute von Intersubjektivität. Wissenschaftliche Prüfbarkeit ist intersubjektive Überprüfbarkeit« (Hafez 2011, S. 1).

4.6.12 | Differenziertheit

Differenzierte Betrachtung bedeutet, dass verschiedene Positionen, die für die Fragestellung relevant sind, dargestellt und berücksichtigt werden – auch wenn diese verschiedene Ansichten und Bewertungen formulieren und keine einheitliche Auffassung bezüglich eines Gegenstandes, eines Begriffes oder einer Forschungsfrage zum Ausdruck bringen.

Keine Selektivität!

Auf keine Fall darf man selektiv nur die Literatur berücksichtigen und anführen, die am besten in den eigenen Argumentationsgang ›passt‹! Ebenso muss man seine eigenen Ergebnisse vollständig darstellen und nicht durch Weglassen ›unpassender‹ Ergebnisse das Gesamtbild verfälschen.

Zur Vertiefung

> **Wissenschaftliche Textprozeduren**
>
> Einen weiteren Zugang, um zu verstehen, was wissenschaftliches Schreiben bedeutet, stellt das Konzept der »wissenschaftlichen Textprozeduren« (Steinhoff 2009a) dar. Dies sind spezifische Ausdrucks- und Konstruktionsmuster, die in wissenschaftlichen Texten wiederkehrend verwendet werden. Steinhoff (2009a) beschreibt sie als domänentypische Handlungsroutinen: »Es sind typisch wissenschaftliche Tätigkeiten, ein-

schlägige Handlungsoptionen in der Wissenschaftskommunikation« (Steinhoff 2009a, S. 101 f.). In ähnlicher Weise erforscht Feilke »wissenschaftliche literale Praktiken« (vgl. Feilke 2016).

Ein wissenschaftlicher Autor/eine wissenschaftliche Autorin verwendet nach Steinhoff (2009a, S. 102 f., zweites Beispiel unter dem zweiten Punkt aus Steinhoff 2009b, S. 169 f.) folgende Prozeduren in spezifischer, in den Beispielen illustrierter Weise:

Typische verfasserreferenzielle Prozeduren: Ich-Ferne

Kennzeichnend ist hier die Ich-Ferne (s. hierzu den vorangegangenen Abschnitt).

Beispiel: »Abschließend wird die Gruppe der Parteimitglieder im Talar untersucht.« (aus einem geschichtswissenschaftlichen Fachartikel).

Typische intertextuelle Prozeduren – Interpretierender Bezug auf Quellen

Die verschiedenen Muster dienen nicht nur der Wiedergabe, sondern die Äußerung des Originalsprechers wird typischerweise mehr oder weniger stark interpretiert.

Beispiel: »Auch Buscha (1989: 54) betont: ›Wenn die Grund-Folge-Relation weniger eng ist und/oder im NS ein bekannter Sachverhalt als Grund angegeben wird, wird dagegen der NS als Vordersatz mit da verwendet (thematisches da).‹«(aus einem linguistischen Fachartikel).

Beispiel: »Freiheit« und »Unfreiheit« erweisen sich als zwei Aspekte des gleichen, heteronom eingerichteten Disziplinarsystems, dem es laut Foucault »weniger um die Ausbeutung als um Synthese, weniger um Entwindung des Produkts als um Zwangsbindung an den Produktionsapparat« geht (aus einem literaturwissenschaftlichen Zeitungsartikel).

Typische konzessive argumentative Prozeduren: Thematisierung von Gegenargumenten

Beispiel: »Zwar könnte man – wie bei allen poetischen Aussagen – seine Richtigkeit nachprüfen und stieße hier auf den Fall, daß er Tatsächliches aussagt (während andere poetische Sätze eben etwas Nicht-Tatsächliches aussagen); aber das ist ohne jegliche Bedeutung. Der Leser fragt weder nach der Richtigkeit der Aussage noch nach der Wirklichkeit des Ausgesagten, denn der Satz bekommt als poetischer Satz eine andere Funktion als die, Realität zu vermelden.« (aus einem linguistischen Fachartikel).

Typische textkritische Prozeduren: Kritik fremder Forschungsansätze

Beispiel: »Die Auffassung von Eisenberg (1998, 405), der zufolge der Input für solche Bildungen die erste betonte Silbe von nichtpräfigierten Wörtern ist, scheint zumindest zweifelhaft.« (aus einem linguistischen Fachartikel).

Typische begriffsbildende Prozeduren

Beispiel: »Als ›Handlungsziel‹ bezeichnen wir den Zustand, der von einem Handelnden präferiert und von ihm durch den Vollzug (oder die Unterlassung) einer bestimmten Handlung angestrebt wird.« (aus einem linguistischen Fachartikel).

4.7 | Rohfassung, Überarbeitung und ›roter Faden‹

Eine wissenschaftliche Arbeit wird in aller Regel nicht in einem Zug geschrieben, sondern immer wieder verändert, ergänzt, überarbeitet, umstrukturiert. Am Anfang steht das Rohkonzept, am Schluss die Endkorrektur. Dazwischen liegen viele Arbeitsschritte.

4.7.1 | Rohfassung

Häufig fällt der Übergang vom Lesen und Exzerpieren zum Schreiben des eigentlichen Textes schwer. Hilfreich ist es, sich vor Augen zu führen, dass der erste Textentwurf nicht das Endprodukt ist, oft auch ›stückweise‹ und nicht von Beginn an in der angestrebten Kapitel-Reihenfolge entsteht. Um ins Schreiben zu kommen, kann man sich das nachfolgende, treffend formulierte Motto von Provost (2001, S. 285) zu Herzen nehmen:

»The first draft doesn't have to be good. It just has to be there.«

Tipps

> **Es gibt verschiedene Ratschläge, was man tun kann, um einen Anfang zu finden:**
> - Schreiben Sie vor dem Schreiben einen ›roten Faden‹ (s. nächstes Kapitel).
> - Benutzen Sie Startmethoden wie *Cluster* oder *Free Writing* (s. Kapitel 4.4.1.1).
> - Geben Sie sich Zeit, um sich frei zu schreiben. Schreiben Sie in dieser Zeit nichts wieder um.
> - Schreiben Sie Rohfassungen schnell und skrupellos: ›sehr roh‹.
> - Schreiben Sie in der ersten Fassung alles, keine Idee unterdrücken.
> - An Stellen, an denen Sie nicht mehr weiterkommen, fügen Sie einen Kommentar wie ›hier weiß ich nicht mehr weiter‹ o. Ä. ein und schreiben weiter!
> - Schreiben Sie ein Kapitel ganz fertig, egal wie.
> - Planen Sie von vornherein viele Überarbeitungsschritte ein.
> - Fangen Sie mit dem Leichtesten an, mit dem, was Sie sich am ehesten vorstellen können zu schreiben.
> - Fangen Sie mit einem beliebigen, aber zentralen Teil Ihrer Arbeit an, der auf jeden Fall geschrieben werden muss.
> - Seien Sie, um mit Kruse zu sprechen, mutig: »Sich schreibend mit einem Thema auseinanderzusetzen, erfordert immer wieder Mut: den Mut, Behauptungen aufzustellen, den Mut, fremde Forschungsarbeiten zusammenzufassen und sie gegebenenfalls zu kritisieren, den Mut, nach eigenem Gutdünken zu gewichten, zu pointieren und wegzulassen.« (Kruse 1997, S. 231)

4.7.2 | Der rote Faden

Ein wissenschaftlicher Text sollte einen ›roten Faden‹, d. h. eine erkennbare, konsistente Darstellungs- und Argumentationslogik haben. Um sich (vor oder während des Schreibens) über den ›roten Faden‹ des eigenen Textes klar zu werden, gibt es verschiedene Methoden, drei werden im Folgenden vorgestellt:

Karteikarten-Methode: Schreiben Sie jeden Abschnitt des Textes in Kurzform auf eine Karteikarte. Mischen Sie die Karten, lesen Sie diese und bringen Sie die Karten in die Ordnung, die dem Fluss Ihrer Gedanken am besten entspricht (vgl. von Werder 1992, S. 65).

Flussdiagramm-Methode: Stellen Sie die Gliederung verfremdet als Flussdiagramm mit Kästen, Pfeilen, Black Boxes u. Ä. dar (vgl. ebd., S. 65).

Verbale Explikation: Schreiben Sie zu jedem Kapitel Ihrer Arbeit drei Sätze, die gerafft die zentralen Inhalte Ihres (ggf. erst noch zu formulierenden) Kapitels umreißen. Machen Sie nun aus diesen Mini-Inhaltsangaben einen Text, der mit ganz einfachen Worten (Sie formulieren nur für sich selbst!) den Gang Ihrer Arbeit entlang Ihrer Gliederung darstellt. Gehen Sie dabei nach dem folgenden Schema vor:

Zuerst schreibe ich Kapitel 1.	Methode
In Kapitel 1 steht (*Mini-Inhaltsangabe einfügen*)	
Kapitel 1 brauche ich weil (*Begründung formulieren*)	
Kapitel 1 brauche ich an diese Stelle weil (*Begründung formulieren*)	
Dann schreibe ich Kapitel 2.	
Ablauf wiederholt sich	

Die Reißfestigkeit des ›roten Fadens‹ testen

Die von Esselborn-Krumbiegel (1999) vorgeschlagene Methode eignet sich gut für ein relativ spätes Stadium der Arbeit, z. B. die fertige Rohfassung oder die erste überarbeitete Fassung.

Vorgehensweise: Zu jedem größeren Sinnabschnitt der Arbeit formulieren Sie eine Frage, die der Abschnitt beantwortet. Sie versetzen sich damit in die Perspektive eines Lesers/einer Leserin, der/die dem Gang Ihrer Darstellung folgen möchte.

Nutzen: Es zeigt sich »daß gerade durch diesen Perspektivenwechsel Schwachstellen und Brüche in der Argumentation deutlich werden. Wenn sich zu einem Passus keine sinnvolle Frage entwerfen läßt, ist dieser Abschnitt mit ziemlicher Sicherheit überflüssig oder logisch unklar oder er steht an der falschen Stelle im Argumentationszusammenhang. Eine sinnvolle Frage, so läßt sich sagen, ist im Rahmen dieses Testverfahrens eine Frage, die die Argumentation vertieft oder vorantreibt« (Esselborn-Krumbiegel 1999, S. 131 f.).

4.7.3 | Überarbeiten

Zur Überarbeitung können Sie die Checkliste aus Kapitel 2 heranziehen. Eine vom Ablauf her empfehlenswerte Vorgehensweise ist zudem die *Dreimal-Lesen-Methode* nach von Werder (1992, S. 74 ff.), die Sie im Folgenden beschrieben finden.

Dreimal-Lesen-Methode nach von Werder

Erstes Lesen: schnelles, die gesamte Bedeutung erfassendes Lesen
- Ist der Argumentationsgang stimmig?
- Gibt es Lücken in der Argumentation oder der Darstellung? Markieren und ergänzen Sie direkt im Text, bringen Sie neue Argumente sofort ein.
- Einleitungen/Überleitungen/Zusammenfassungen: Wird den Leser/innen klar, warum ein Kapitel an dieser Stelle in dieser Form auftaucht? Falls nicht, schreiben Sie direkt Überleitungen etc. in den Text.
- Schreiben Sie die ›Botschaft‹ ihrer Arbeit in einem Satz auf. Transportiert die Arbeit in ihrem jetzigen Aufbau diese Botschaft?

Zweites, langsameres Lesen
- Achten Sie auf Struktur und Form ihres Textes. Sind Abschnitte, Kapitel und Unterkapitel angemessen proportioniert?
- Stehen sie an der richtigen Stelle?
- Falls Ihnen an Form und Aufbau des Textes etwas missfällt, revidieren Sie die Struktur – auch wenn es Zeit kostet.

Drittes, langsames Lesen: Endkorrektur
Satz für Satz wird der Text hinsichtlich Wortwahl, Rechtschreibung, Zeichensetzung und Grammatik bearbeitet.

Tipps

> **Weitere Überarbeitungstipps**
> - Setzen Sie unbedingt Testleser/innen ein! Auch Leser/innen ohne spezielles Fachwissen können Rückmeldung hinsichtlich Verständlichkeit, Gegliedertheit und Darstellungs- und Argumentationslogik geben.
> - Lesen Sie sich Ihren Text immer wieder laut vor!

5 Fremdes und eigenes Gedankengut: Zitieren – Paraphrasieren – Belegen

5.1 | Belegen innerhalb und außerhalb des Textes

Prinzipiell werden alle Quellen, auf die man im Text Bezug nimmt und die man im Text auch tatsächlich erwähnt hat (!), belegt.

Es gibt verschiedene Möglichkeiten, wie Belege innerhalb und außerhalb des Textes formal gestaltet sein können. Wir stellen Ihnen hier zwei gängige Arten des Belegens vor. Bitte fragen Sie bei Ihrem Betreuer/Ihrer Betreuerin nach, welche Vorgaben von seiner/ihrer Seite es ggf. gibt. Die Grundprinzipien des Belegens bleiben jedoch immer dieselben.

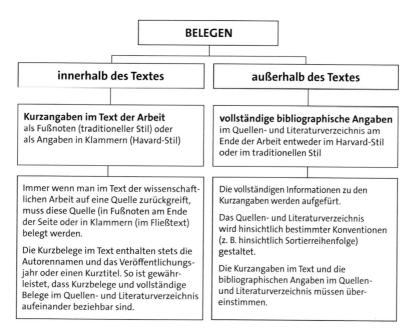

Abb. 5.1: Beleg-arten in wissen-schaftlichen Texten

5.2 | Warum und wann wird auf andere Werke Bezug genommen?

Die Belegpraxis in wissenschaftlichen Werken hat zum einen die Funktion, die wissenschaftliche Redlichkeit zu wahren sowie verschiedene zentrale Funktionen auf der inhaltlichen, argumentativen Ebene eines wissenschaftlichen Textes.

Wie Steinhoff betont, ist Intertextualität ein Wesensmerkmal von Wissenschaftskommunikation: »Jeder wissenschaftliche Text knüpft an andere wissenschaftliche Texte an und führt so eine bereits laufende Diskussion fort. Bestimmte Teile wissenschaftlicher Texte sind für die Forschungsbezüge mehr oder weniger ›reserviert‹ (Forschungsstand, Fußnoten, Literaturverzeichnis)« (Steinhoff 2009b, S. 167).

5.2.1 | Wissenschaftliche Redlichkeit

»Eine zentrale akademische Anstandsregel heißt: Niemals Einfälle von anderen als eigene verwerten. Verstöße gegen diese Regel zählen zu den Todsünden der Wissenschaft. [...] Wer hat was entdeckt, bewiesen oder ausgedacht? Da sollten keine Zweifel herrschen« (Krämer 2009, S. 141).

Bei wissenschaftlichen Arbeiten ist das Trennen von fremdem und eigenem Gedankengut unbedingt erforderlich – jede/r Schreibende ist zur wissenschaftlichen Redlichkeit verpflichtet. Deshalb wird für die Hausarbeit meistens auch die ›Eigenständigkeitserklärung‹ unterschrieben und am Ende der Hausarbeit eingefügt:

Muster | **Erklärung**

Ich versichere, dass ich die vorliegende Hausarbeit – einschließlich eventueller beigefügter Zeichnungen, Kartenskizzen und Darstellungen – selbständig verfasst und keine anderen als die angegebenen Quellen und Hilfsmittel benutzt habe. Alle Stellen der Arbeit, die dem Wortlaut oder dem Sinn nach anderen Werken entnommen sind, habe ich unter Angabe der Quellen als Entlehnung deutlich gemacht.

.... Ort, Datum Unterschrift

Plagiat: Wer das Gedankengut anderer als sein eigenes ausgibt, dessen Arbeit ist durch Plagiat (Diebstahl geistigen Eigentums, von lat. *plagium:* Menschendiebstahl) entstanden.

Auf der Seite der Universität Duisburg-Essen mit dem Titel »Was ist ein Plagiat?« findet sich eine klar formulierte Beschreibung aller wesentlichen Fälle, die als Plagiat gelten, die wir hier wiedergeben (Abruf 3.7.2017).

Eine unrechtmäßige Aneignung von Erkenntnissen anderer durch Übernahme von Textmaterial oder Gedankengut liegt dann vor, wenn

Formen des Plagiats

- wörtliche Übernahmen aus fremden Texten erfolgen, ohne auf die Quelle zu verweisen (**Textplagiat** oder **wörtliches Plagiat**),
- fremde Gedankengänge ohne Verweis auf deren Herkunft in eigenen Worten wiedergegeben werden (**paraphrasierendes Plagiat**, **Ideenplagiat** oder **Strukturplagiat**),
- Textpassagen und Gedankengänge aus einem fremdsprachigen Werk übersetzt werden, ohne die Quelle anzugeben (**Übersetzungsplagiat**),
- Zitate aus Texten übernommen werden (Zitat vom Zitat), deren Beleg aber nicht auf ihre Herkunft aus zweiter Hand verweist (**Zitatplagiat**) oder
- prägnante Formulierungen oder sprachliche Schöpfungen wie Metaphern ohne Hinweis auf deren Herkunft in den eigenen Text übernommen werden (**Imitationsplagiat**).
- Ebenso wie das **Einreichen einer fremden Arbeit** unter eigenem Namen sind die hier genannten häufigsten Formen des Plagiats im Kontext wissenschaftlicher Arbeiten als wissentliche Täuschungen und damit als bewusster Diebstahl geistigen Eigentums aufzufassen: Vorsätzliche Plagiate sind Urheberrechtsverletzungen.
- Daneben gibt es auch **unbeabsichtigte Plagiierungen**, die durch nachlässiges Umgehen mit Zitaten und Paraphrasieren entstehen können – indem falsche oder unvollständige Quellenangaben gemacht werden.

Ein Verdacht auf wissenschaftliches Fehlverhalten, insbesondere die Übernahme von Texten oder Ideen aus ungenannten Quellen, führt zur Überprüfung. Der/die Studierende ist, sofern er/sie Teile der Hausarbeit oder die gesamte Hausarbeit plagiiert hat, durchgefallen.

5.2.2 | Funktionen von Zitaten auf inhaltlich-argumentativer Ebene

Wozu ist nun aber das Zitieren und Belegen ›gut‹, welche Funktionen auf inhaltlich-argumentativer Ebene hat es? Dies zeigt uns die nachfolgende Übersicht.

Wozu zitieren wir?

- Die **Textstellen, mit denen man arbeitet**, werden durch Zitieren dokumentiert und können direkt im Text im Originalwortlaut mitgelesen werden: »Jene Stellen, die analysiert und interpretiert werden sollen, werden einigermaßen ausführlich zitiert« (Eco 1993, S. 197).
- Zitieren hat **argumentativen Wert**. Textstellen aus der Sekundärliteratur werden »zitiert, wenn sie wegen ihres Gewichtes unsere Auffassung unterstützen. [...] Wer zitiert, läßt damit erkennen, dass er die Meinung des Autors teilt, es sei denn, er bringe in diesem Zusammenhang mit dem Zitat etwas anderes zum Ausdruck« (ebd., S. 197 f.).

- »Zitate belegen die **Fachkenntnis des Verfassers**. Er kann sich auf sie stützen, sie kritisieren, sie widerlegen, sie modifizieren usw. [...]« (Bünting/Bitterlich/Pospiech 1996, S. 98 f.).
- Die Grundfunktion des Zitates in wissenschaftlichen Arbeiten ist [...] die, eigene Überlegungen **nachvollziehbar** zu machen und wissenschaftlich **abzusichern**« (ebd., S. 98 f.).
- Wörtliche Zitate dienen der **Formulierungsentlastung**. Sie ermöglichen es, den ›O-Ton‹ wiederzugeben und können so auch »**ästhetischen Mehrwert**« (Steinhoff 2009b, S. 169) haben.
- Mit Literaturbelegen setzt man die »**eigenen Aussagen in inhaltliche Beziehung** zu den Aussagen in anderen Werken [...]. Dies geschieht in mehrfacher Hinsicht:
  Sie verdeutlichen die **Einordnung des eigenen Werkes** (bzw. einzelner Passagen) in den aktuellen Forschungsstand und die Forschungs- und Ideengeschichte.
  Sie **unterstützen bzw. kontrastieren** die eigenen Aussagen durch Rückbezug auf andere Konzeptionen und Untersuchungsergebnisse.
  Sie verweisen auf **weiterführende Informationsquellen**, die man selbst inhaltlich nicht eingehender berücksichtigen konnte oder wollte, jedoch für den Leser interessante ergänzende oder weiterführende Informationen enthalten« (Nitsch et al. 1994, S. 165).

Wann wird eine Quelle im Text belegt?

Wenn man auf einen Quelle zurückgreift, muss man sie belegen und zwar immer dann,
- wenn man wörtlich zitiert (wörtliches Zitat, s. dazu Kapitel 5.3.3.1),
- wenn man Gedanken, Ideen, Ergebnisse, Meinungen etc. aus den Werken und Studien eines anderen Autors/einer Autorin sinngemäß wiedergibt (paraphrasiert), zusammenfasst, erwähnt oder in anderer Art inhaltlich darauf Bezug nimmt (nicht-wörtliche Übernahmen, s. dazu Kapitel 5.3.3.3 und 5.3.3.5),
- wenn man Daten und Fakten darlegt (z. B. Zahlengaben macht); die Herkunft dieser Information muss ebenfalls belegt werden, d. h. die Quelle wird angegeben, der die Angaben entnommen sind.

5.3 | Belege im Text

Literaturangaben im Text können auf verschiedene Art und Weise gemacht werden, die beiden häufigsten Formen sind Fußnoten und Belege in Klammern.

Fußnoten-Belege	Klammer-Belege
<ul><li>Belege am Ende der Seite als Fußnoten</li><li>Verbreitete Form des Belegens, wird in den Literaturwissenschaften und vielen anderen philologischen Fächern verwendet</li><li>›traditioneller Stil‹</li></ul>	<ul><li>Belege im Fließtext in Klammern</li><li>Standard in den Naturwissenschaften, aber auch z. B. in der Linguistik, mittlerweile in allen Fächern zu finden</li><li>›Harvard-Stil‹</li></ul>

5.3.1 | Fußnoten-Belege: Traditioneller Stil

Prinzip: Im Text einer wissenschaftlichen Arbeit wird auf Fußnoten mit einer hochstellten Zahl verwiesen. Die Fußnote mit der ›passenden‹ Zahl befindet sich dann jeweils am unteren Ende der Seite. In der Fußnote werden der/die Autorenname(n) und die Seite(n) angeführt und – je nach Variante – zusätzliche Angaben gemacht.

Varianten: Es gibt unzählige Varianten des Fußnoten-Belegs. Die unten dargestellten Grundregeln des Fußnoten-Belegens bleiben jedoch bei allen Varianten gleich. Es werden im Folgenden zwei der häufig verwendet Grundformate vorgestellt.

Variante A mit Erscheinungsjahr

Hochgestellte Fußnoten-Ziffer
Nachname(n) Jahr,
›S.‹ Seitennummer(n).

Variante B mit Kurztitel

Hochgestellte Fußnoten-Ziffer
Nachname(n): Kurztitel,
›S.‹ Seitennummer(n).

Grundformate für einen Fußnotenbeleg

Variante A: Bei einem solchen Beleg werden dieselben Angaben wie beim Klammer-Beleg im Harvard-Stil (s. Kapitel 5.3.2) gemacht – nur eben in der Fußnote. Ein Werk von Botho Strauß wurde also z. B. in der Fußnote als ›Strauß 1989, S. 17‹ belegt (s. auch Beispiel unten).

Variante B: In dieser Variante wird kein Erscheinungsjahr, dafür aber ein frei wählbarer, unverwechselbarer Kurztitel angeführt. Zumeist wählt man als Kurztitel den Anfang des Titels des belegten Werkes.

Unabhängig von der gewählten Fußnoten-Variante wird bei der ersten Erwähnung eines Werkes im Text häufig eine vollständige bibliographische Angabe (s. dazu Kapitel 5.4) in der Fußnote gemacht. Die folgenden Beispiele verdeutlichen dies.

Erster Beleg in der Fußnote: Vollständige Angabe

[1] Strauß, Botho: Kongreß. Die Kette der Demütigungen. München 1989, S. 17.

[2] Will, Fabienne: Der Blade Runner. In: Thomas Koebner (Hg.): Filmgenres: Science Fiction. Durchges. u. aktual. Ausg. Stuttgart: Reclam 2007, S. 385–396, hier S. 386.

Beispiele

Zweiter Beleg in der Fußnote: Jahr oder Kurztitel

[3] Strauß 1989, S. 28.

[4] Will 2007, S. 395.

oder

[3] Strauß: Kongreß, S. 28.

[4] Will: Blade Runner, S. 395.

Einschränkung: Der Vollbeleg in der ersten Fußnote ist nur in einem bestimmten Fall unbedingt notwendig: Wenn ein Text ›unselbstständig‹ (also z. B. als Aufsatz in einem Sammelband oder in einer Fachzeitschrift) erscheint und im traditionellen Stil mit Fußnoten belegt wird, wird häufig auf ein separates Quellen- und Literaturverzeichnis am Ende des Textes ganz verzichtet. Die vollständigen bibliographischen Angaben müssen dann notwendig in der ersten Fußnote, in der eine Quelle belegt wird, gemacht werden.

Bei Texten, bei denen ein separates, ausführliches Quellen- und Literaturverzeichnis ›angehängt‹ wird, kann man dagegen von Anfang an in der Fußnote den Kurztitel oder die Kurzangabe in Form von Autor-Jahr-Seite verwenden. Dies ist auch die in Hausarbeiten übliche Form.

Prüfen Sie – aufgrund der zahllosen Variationsmöglichkeiten – gerade bei den Fußnoten-Belegen, ob es in Ihrem Institut oder bei Ihrem Dozenten/Ihrer Dozentin eine gewünschte, spezielle Form der Fußnoten-Angabe gibt!

Grundregeln für Fußnoten-Belege

Zählung: Die Fußnotenzählung ist entweder für ein Kapitel oder für die ganze Arbeit fortlaufend. In den meisten Fällen werden Fußnoten durchlaufend für den ganzen Text gezählt, dies ist auch für Hausarbeiten und Bachelor- und Master-Arbeiten zu raten.

›Ebenda‹: Wird auf der gleichen Seite unmittelbar hintereinander dasselbe Werk zitiert, kann, abgekürzt mit ›ebd.‹ (=›ebenda‹), auf die Angaben in der unmittelbar vorausgehende Fußnote verwiesen werden (s. Beispiel unten). Ein Sprung mit der ebenda-Angabe über die Seite hinweg auf eine neue Seite sollte vermieden werden! Anstatt der Abkürzung ›ebd.‹ findet man auch die lateinische Entsprechung ›ib.‹ oder ›ibid.‹ für ›ibidem‹.

Erste Erwähnung: Es ist häufig üblich, bei der ersten Erwähnung einer Quelle eine vollständige Angabe in der Fußnote zu machen. Die Angaben erfolgen dann in der Form, in der man sie auch im Literatur- und Quellenverzeichnis am Ende der Arbeit macht (s. hierzu Kapitel 5.4). Bei allen weiteren Belegen im Text, die sich auf eben diese Quelle beziehen, erfolgt die Kurzangabe im oben angeführten Grundformat.

Bei indirekten Zitaten/unspezifischen Verweisen (s. dazu Kapitel 5.3.3.3 und 5.3.3.5) wird der Zusatz ›vgl.‹ oder ›s.‹ mit in die Fußnote geschrieben.

Inhaltliche Anmerkungen: In Form von Fußnoten können auch inhaltliche Anmerkungen und Ergänzungen gemacht werden, die Fußnotenzählung läuft einfach durch, unabhängig vom Inhalt der Fußnote. Häufig finden sich sowohl die Belegangabe als auch inhaltliche Anmerkungen und weiterführende Literaturhinweise in ein und derselben Fußnote.

Mehrere Autorennamen werden in der Fußnote durch Schrägstrich getrennt, also z. B. ›Hong/Rouget‹.

›Und andere‹: Bei Werken mit drei oder mehr Autor/innen wird nur der/die erstgenannte Autor/in angegeben. Man schreibt in diesem Fall

›u. a.‹ (und andere) oder lateinisch ›et al.‹ (= *et alii*: und andere) hinter den ersten Autorennamen. Im Literaturverzeichnis werden dagegen alle Autor/innen vollständig aufgeführt.

Mehrere Belege in einer Fußnote: Die Belege werden durch ein Semikolon voneinander getrennt.

Das erste Wort einer Belegangabe/einer Anmerkung wird üblicherweise groß geschrieben, also z. B. ›Vgl.‹, ›Ebd.‹ oder ›Siehe auch‹.

Platzierung der Fußnotenziffer

Die Fußnotenziffer soll immer hinter dem Wort, Satzteil oder Satz, auf das/den sich die Belegangabe oder inhaltliche Anmerkung bezieht, platziert werden; es wird kein Leerzeichen eingefügt. Trifft ein Satzzeichen mit der Fußnotenziffer zusammen, so steht die Zahl *hinter* dem Satzzeichen. Es ist heute nicht mehr üblich, Fußnotenziffern *vor* Satzzeichen zu setzen (vgl. Standop/Meyer 2008, S 84 f.).

Bei wörtlichen Zitaten steht die Fußnotenziffer – je nach Einbindung in den Fließtext und Vollständigkeit des Zitates – hinter dem schließenden Anführungszeichen oder hinter dem Satzzeichen. Entsprechend platzieren z. B. Hong/Rouget (2014, S. 185) und Neuhaus (2014, S. 158, S. 167) die Fußnotenziffern wie folgt:

Hier drückt sich die Angst des Menschen aus, von ihrer eigenen Schöpfung, dem Wesen, das ihnen »über alle Maßen ähnelt«,[40] beherrscht zu werden.   *Beispiele*

Deshalb konnte [...] Friedrich Hölderlin [...] kurz und bündig feststellen: »Was bleibet aber, stiften die Dichter.«[4]

Marcus Stiglegger bezeichnet *RoboCop* denn auch als »bittere Kapitalismus-Satire«.[21]

Fußnoten-Beleg bei integrierten Zitaten

Im Text integrierte wörtliche Zitate werden in doppelte Anführungszeichen gesetzt. Die folgenden Beispiele stammen aus Wassmann (2007, S. 37 f.) und Jablkowska (1993, S. 25).

Fußnoten-Beleg für direktes Zitat: Variante A   *Beispiele*

Nun scheint es, als ob die zeitgenössischen Novellen gerade die Kluft zwischen Artistik und originellem Gestus des Erzählens, zwischen hochartifizieller Komposition und dem Bericht von Neuigkeiten in Zeiten der allgemeinen Verfügbarkeit von Informationen für sich fruchtbar gemacht hätten. Und diese Kluft ist oft gerade dort besonders spürbar, »wo das sprachliche Ereignis selbst die ›unerhörte Begebenheit‹ darstellt, wo es in Grenzüberschreitung des Mediums Schrift, im Hang zum Gesamtkunstwerk, sozietäre Mitteilung wird.«[72]

_____

[72] Rath 2000, S. 303.

Fußnoten-Beleg für direktes Zitat: Variante B

Auch Wilhelm Voßkamp betont den Unterschied zwischen der Morus-schen Utopie, für die die »Gegenüberstellung von Ordnung und Kontingenz«[32] ein zentrales Moment war und der Zeitutopie, bei der die Antizipation zum wichtigsten Merkmal wird.

_____

[32] Voßkamp: Utopie als Antwort auf Geschichte, S. 275.

Die Belege für indirekte Zitate (s. dazu Kapitel 5.3.3.3) und Anmerkungen erfolgen ebenfalls in Fußnoten (vgl. hierzu das folgende Beispiel nach Meinen (2016, S. 119, mit Erlaubnis der Verfasserin zur Verdeutlichung vereinfacht).

Beispiel ### Fußnoten-Belege für direkte und indirekte Zitate – in den Text integriert

Später wird Rosenkranz[26] dies ähnlich formulieren: Die heftigste Reize seien »nicht selten auch die ekelhaftesten Reizmittel«.[27] Solche Reizmittel übernehmen als Mittel der Provokation die Funktion einer schockhaften Emotionalisierung. In diesem Konzept bleibt das Ekelhafte zwar als Gegenmodell zum Objektiv-Schönen bestehen, ist jedoch nun nicht mehr aus dem Bereich der Künste ausgeschlossen, sondern bekommt innerhalb dieser eine spezielle Funktion zugeschrieben: Emotionalisierung durch Provokation.[28] Dies geschieht vorrangig dann, wenn die Ekel-Objekte mit einem »Verwerfungsprädikat«[29] belegt werden.

_____

[26] Vgl. Rosenkranz 1853/1979, Karl Rosenkranz veröffentlicht erstmalig eine Ästhetik des Hässlichen. Hierin fasst er Ekelobjekte als Teil der Hässlichkeit. Eine deutliche Differenzierung wird nicht geleistet.
[27] Ebd., S. 193.
[28] Vgl. Menninghaus 1999, S. 193 f.
[29] Ebd., S. 196.

Fußnoten-Beleg bei längeren wörtlichen Zitaten

Längere wörtliche Zitate werden vom Fließtext typographisch abgesetzt (s. dazu Kapitel 3.1). Die Anführungszeichen entfallen, die Fußnotenziffer wird am Ende des Zitates platziert. Das folgende Beispiel stammt aus Wassmann (2007, S. 87 f., Hinzufüg. H.R.) und Neuhaus (2014, S. 166).

Fußnoten-Belege für längere Zitate: Variante A

[Pfister] definiert im Hinblick auf die konkrete Textanalyse und Textinterpretation pragmatisch als

Verfahren eines mehr oder weniger bewussten und im Text auch in irgendeiner Weise konkret greifbaren Bezugs auf einzelne Prätexte und diesen zugrunde liegenden Codes und Sinnsystemen.[224]

Damit impliziert er in Anbetracht auf die Fragestellung dieser Arbeit zwei wichtige Konsequenzen: Zum einen [...]

―――――――――

[224] Pfister 1985, S. 15.

Fußnoten-Belege für längere Zitate: Variante B

Thomas Koebner erläutert, inwiefern dieser Film die Grenzen zwischen Mensch und Maschine relativiert:

Für die Zuschauer stellt sich bei der Repetition der Prozeduren [den Schießereien etc.] nicht primär Langeweile ein, sondern ein anderes Gefühl: Da die Maschinenmenschen von Schauspielern, also unzweideutig von Menschen dargestellt werden, entbehren die Tötungsspiele des Charakters einer Volksbelustigung.[19]

―――――――――

[19] Koebner: Herr und Knecht, S. 122 f.

Fußnoten werden von allen modernen Textverarbeitungsprogrammen automatisch erzeugt. In WORD können Sie z. B. Fußnoten erzeugen, indem Sie »Einfügen« → »Fußnote« wählen. Das Programm erzeugt im Text die hochgestellte Fußnoten-Zahl und am Ende der Seite einen dazu passenden Fußnotenbereich, in den Sie den Beleg direkt eintragen können. Falls Sie Fußnoten löschen oder hinzufügen, wird die Zählung der Fußnoten automatisch angepasst.

5.3.2 | Klammer-Belege: Harvard-Stil

Prinzip: Die Belege werden, in Klammern geschrieben, direkt in den Textfluss eingefügt. Sowohl bei wörtlichen wie nicht-wörtlichen Bezugnahmen werden beim Klammer-Beleg im Text nur Autorennamen, Erscheinungsjahr und Seite genannt.

Varianten: Beim Belegen im Harvard-Stil gibt es nur unwesentliche Variationen. So wird z. B. nach dem Autorennamen und Jahr ein Komma oder ein Doppelpunkt gemacht oder die Seitenzahl mit oder ohne die Abkürzung ›S.‹ angeführt. Wichtig ist nur, bei einer Variante zu bleiben. Im Folgenden finden Sie ein übliches Grundformat für den Beleg im Harvard-Stil.

Nachname(n) Jahr, ›S.‹ Seitenzahl

Grundregeln für Klammer-Belege

›Ebenda‹: Wie bei der Fußnoten-Belegmethode kann, wenn ein Werk auf der gleichen Seite unmittelbar hintereinander belegt wird, die Angabe mit ›ebd.‹ (=ebenda) oder ›ib./ibid.‹ (=ibidem) in der Klammer verkürzt werden. Damit wird stets auf den direkt vorausgegangen Beleg verwiesen (s. Beispiel unten).

Indirekte Zitate/unspezifische Verweise: In gleicher Weise wie bei der Fußnoten-Belegmethode wird bei indirekten Zitaten und unspezifischen Verweisen vor der eigentlichen Angabe in der Klammer ›vgl.‹ oder ›s.‹ eingefügt (Genaueres hierzu s. Kapitel 5.3.3.3 und 5.3.3.5).

Mehrere Autorennamen in der Klammer werden durch Schrägstrich getrennt, also etwa: (Liebert/Schaffers 2014, S. 33).

›Und andere‹: Auch bei Klammer-Belegen wird bei mehr als drei Autorennamen nur der erste Name genannt und ›et al.‹ oder ›u. a.‹ hinzugefügt, also etwa: (Becker-Mrotzek et al. 2013, S. 8).

Mehrere Belege in einer Klammer: Werden mehrere Werke zugleich belegt, werden die einzelnen Angaben durch Semikolon getrennt, also etwa: (vgl. Neuhaus 2014, S. 160; Hong/Rouget 2014, S. 188).

Fußnoten für inhaltliche Anmerkungen: Auch beim Harvard-Stil können Fußnoten verwendet werden, sie dienen jedoch für inhaltliche Anmerkungen, weiterführende Hinweise u. Ä., werden aber nicht zum Belegen von direkten und indirekten Zitaten eingesetzt.

Platzierung der Klammer: Die Belegangabe erfolgt im Regelfall direkt im Anschluss an den zitierten Text, es gibt aber auch Variationsmöglichkeiten (s. dazu die folgenden Beispiele).

Klammer-Beleg bei integrierten Zitaten

Im Regelfall erfolgt der Klammerbeleg nach dem zitierten Text, der zitierte Text wird in doppelte Anführungszeichen gesetzt.

Wenn der Satz des Fließtextes mit dem Zitat endet, wird der Klammerbeleg *vor* dem satzschließenden Punkt eingefügt und der abschließende Punkt nach der Klammer gesetzt (s. Beispiel unten). Endet das Zitat jedoch mit einem Frage- oder Ausrufezeichen, so muss dieses angegeben werden (dies könnte nämlich den Sinn des Zitats beeinflussen). Zusätzlich wird dann noch ein Satzende-Punkt *nach* der Klammer eingefügt (vgl. hierzu ausführlich Bahr/Frackmann 2011, S. 7 ff.).

Das folgende Beispiel stammt aus Rettig (2014, S. 105, Hervorh. i. Orig.).

Beispiel

Klammerbeleg und ›ebd.‹ nach dem zitieren Text

Die Autoren bemängeln [...] zu Recht, dass es kein Konzept gibt, das die diversen Aspekte dieser Art von Beispielen bündelt und »schlüssig innerhalb des Feldes des Exemplarischen lokalisieren könnte« (Willer/Ruchatz/Pethes 2007, S. 40). Sie gehen davon aus, dass das normative Beispiel *nicht* kategorisch auf einer anderen Ebene als das Ausgangs- und Belegbeispiel betrachtet werden muss, sondern eine »fundamentale Gemeinsamkeit beider Arten von Beispielhaftigkeit« (ebd., S. 41) angenommen werden kann.

Falls man den Namen des Autors/der Autorin bereits kurz vor dem Anführen des Zitates im gleichen Satz erwähnt, können Erscheinungsjahr und Seitenzahl in Klammern bereits *vor* dem Zitat direkt hinter dem Namen angegeben werden. Die Belegangabe am Ende des Zitats entfällt. Dies wird durch das folgenden Beispiele aus Sandig (2000, S. 292 f.) illustriert:

Beispiel

Klammerbeleg ›im Voraus‹

Mit Günthner (1998, S. 389) ist zu betonen, dass kommunikative Gattungen bzw. Textmuster »Orientierungsmuster« sind, die prototypisch realisiert werden können.

Die Klammerangabe wird aber bisweilen auch ›auseinandergezogen‹. Das folgende Beispiel findet sich bei Dürscheid (2011, S. 178) und Gülich (2008, S. 421).

Beispiel

Klammerbeleg ›auseinandergezogen‹

Die folgenden Fragen drängen sich hier auf: Ist es berechtigt, die in den neuen Medien vorkommenden sprachlichen Medien wie Kilian (2006) es tut, »als eine besondere Art ›Parlando‹« (S. 76) zu charakterisieren?

»Erzählen im Alltag und literarisches Erzählen, beide sind Erzählen«, schreibt Ehlich; er weist darauf hin, »daß auch das literarische Erzählen von der Erzählfähigkeit des einfachen Lesers Gebrauch macht, daß dessen Fehlen die Voraussetzungen des literarischen Erzählens beträfe. Beide partizipieren an gemeinsamen Mustern« (1980a, S. 19).

Klammer-Beleg bei längeren wörtlichen Zitaten

Bei einem typographisch abgesetzten Zitat wird der Klammer-Beleg *nach* dem (ggf. vorhandenen) abschließenden Satzzeichen des Zitates eingefügt. Es folgt kein weiterer Punkt hinter dem Beleg (vgl. Bahr/Frackmann

2011, S. 13). Das folgende Beispiel stammt aus Feilke (2016, S. 258 f., Hervorh. i. Orig.).

Lange Zitate

Nach Reckwitz (2006, S. 38) besteht eine Praktik aus »wiederholt hervorgebrachten Handlungsakten«. Sie ist

[...] von vorneherein sozial und kulturell, eine geregelte, typisierte, von Kriterien angeleitete Aktivität, die von verschiedensten Subjekten getragen wird. Wenn die Handlung per definitionem eine Intention impliziert, enthält die Praktik von vornherein einen Komplex von Wissen und Dispositionen, in dem sich kulturelle Codes ausdrücken (und die damit unter anderem auch typisierte Intentionen enthalten). (Reckwitz 2006, S. 38)

Praktiken sind Einheiten des kulturellen Wissens: Das gilt auch hier.

5.3.3 | Verschiedene Arten von Zitaten und Übernahmen

Im Text belegt werden müssen prinzipiell alle wörtlichen oder sinngemäßen Übernahmen von inhaltlichen Aussagen aus anderen Texten/Quellen. Dabei gilt grundsätzlich, dass jede zitierte/erwähnte Quelle ohne Schwierigkeiten und unter Ausschluss jeglicher Verwechslungsgefahr im Literaturverzeichnis identifizierbar sein muss.

Auf Werke fremder Autoren/Autorinnen kann auf unterschiedliche Art Bezug genommen werden. Die folgenden Arten der Bezugnahme werden im Weiteren genauer erläutert:

- wörtliches/direktes Zitat
- Sekundärzitat/›Blindzitat‹
- indirektes Zitat/›Sinnzitat‹
- sekundäre nicht-wörtliche Übernahme
- unspezifischer Verweis

5.3.3.1 | Wörtliches/direktes Zitat

Beim wörtlichen/direkten Zitat werden Begrifflichkeiten, Ausschnitte aus Sätzen, ganze Sätze oder kurze Passagen aus dem Text eines fremden Autors/einer fremden Autorin wörtlich in den eigenen Text übernommen.

Grundregeln für das wörtliche Zitieren

- **Original als Grundlage:** Es sollte grundsätzlich das Original zitiert werden, d. h. sogenannte Sekundärzitate (s. Kapitel 5.3.3.2) sollten unbedingt vermieden werden.
- **Originalgetreu:** Wörtliche Zitate müssen prinzipiell nach Wortlaut, Rechtschreibung und Interpunktion exakt mit dem Original überein-

stimmen (sogar wenn dieses fehlerhaft ist, s. Abschnitt ›Fehler im Original‹).

- **Kurze Zitate,** die in den Text der eigenen Arbeit integriert werden, werden in doppelte Anführungszeichen gesetzt.
- **Längere Zitate** werden als abgesetzter Textblock ohne Anführungszeichen wiedergegeben (s. dazu den Formatierungsvorschlag in Kapitel 3.1).
- **Fehler im Original:** Liegt im Original ein offensichtlicher Fehler vor, wird dies mit ›sic!‹ (lat. für ›so‹ im Original) gekennzeichnet. ›Sic!‹ wird direkt nach dem Fehler in eckigen Klammern eingefügt (Beispiel s. unten).
- **Texte in alter Rechtschreibung** oder anderen, historischen Schreibweisen werden ebenfalls so übernommen wie sie im Original zu finden sind. Die älteren Schreibweisen werden nicht als ›Fehler‹ durch sic! gekennzeichnet.
- **Hervorhebungen im Original:** Sind im Original Hervorhebungen (durch Fett-/Kursivdruck, Großbuchstaben oder Unterstreichung) zu finden, wird dies bei der Belegangabe vermerkt, um eindeutig zu kennzeichnen, dass diese keine Eingriffe in den ursprünglichen, zitierten Text darstellen. An das Ende der Belegangabe wird ›Hervorh. i. Orig.‹ (=Hervorhebung im Original) gesetzt. Alternativ kann diese Angabe auch direkt im Zitat hinter den hervorgehobenen Textteil in eckige Klammern gesetzt werden.
- **Eine Abänderung eines wörtlichen Zitates** muss in jedem Fall deutlich gemacht werden. Abgeändert werden Zitate häufig, wenn nur ein Teil des Zitates wichtig ist (Auslassung) oder das Zitat grammatikalisch in den Satzkontext des Fließtextes eingepasst werden soll (durch Auslassung und/oder Hinzufügung). **Eingriffe ins Zitat**

Auslassungen werden gekennzeichnet durch drei Punkte in eckigen Klammern [...].

Hinzufügungen/Einfügungen: Das in das Original-Zitat zusätzlich Eingefügte, wird in eckige Klammern gesetzt. Am Ende der Belegangabe (Klammer oder Fußnote) wird nach den Literaturangaben hinzugesetzt: ›Hinzufüg. d. Verf.‹ oder ›Hinzufüg. Buchstabenkürzel des/der Verfasser/in‹. Alternativ kann diese Angabe auch direkt im Zitat hinter den hervorgehobenen Textteil in eckige Klammern gesetzt werden. Einfügungen sind notwendig, wenn man ein in den Fließtext integriertes Zitat grammatikalisch anpassen muss oder – um der Deutlichkeit Willen – pronominale Ausdrücke (*er, sie, diese* etc.) durch den hinzugefügten Begriff expliziert (Beispiel s. unten).

Zusätzliche Hervorhebungen: Jede Art der Hervorhebung (Fett-/Kursivdruck, Unterstreichung), die vom Verfasser/der Verfasserin der Arbeit dem Original hinzugefügt wird, muss ebenfalls am Ende der Belegangabe kenntlich gemacht werden, etwa durch: ›Hervorh. d. Verf.‹ oder ›Kursivdruck E. M.‹ etc. (s. dazu das unten gezeigte Beispiel für wörtliches Zitieren). Achtung: Je nach Kontext kann die Anmerkung ›Hervorhebung der Verfasser‹ uneindeutig sein!

- **Zitat im Zitat:** Wird im Zitat selbst zitiert, wird der innerhalb des Zitats zitierte Textteil in einfache Anführungszeichen gesetzt (Beispiel s. unten).
- **Fremdsprachige Zitate** können in den Textfluss eingebaut werden, wenn sich ein grammatikalisch korrekter Satz in die Matrixsprache (hier: Deutsch) ergibt (Beispiel s. unten).
- **Verszitate**, die aus mehr als einer Zeile bestehen, erhalten keine Anführungszeichen und werden vom Format her wie Textzitate (mit seitlichem Einzug und Abstand vom Fließtext, s. Kapitel 3.1) eingefügt. Längere Verszeilen, die eine Zeilenlänge überschreiten, werden zudem hängend formatiert. Bei kurzen Verszitaten im Text wird der Übergang von einem zum nächsten Vers mit Schrägstrich gekennzeichnet (zu diesen Vorschlägen vgl. Standop/Meyer 2008, S. 67).
- **Eigene Übersetzung von fremdsprachigen Zitaten** muss als solche gekennzeichnet werden durch die Angabe ›Übers. d. Verf.‹ (=Übersetzung des Verfassers) oder ›Übers. Buchstabenkürzel des/der Autor/in‹ am Ende der Belegangabe. Es wird dabei zunächst das Zitat in Originalsprache vorangestellt und dann die Übersetzung angeführt. Ob Zitate übersetzt werden sollten, richtet sich nach dem Adressatenkreis, d. h. von welchen Sprachkenntnissen man im jeweiligen Fach üblicherweise ausgehen kann.
- **Titel von selbstständigen Publikationen**, die im Fließtext erwähnt werden, werden kursiv geschrieben (Beispiel s. unten).
- **Titel von unselbstständigen Publikationen**, die im Fließtext erwähnt werden, werden in doppelte Anführungszeichen gesetzt (Beispiel s. unten). Dies betrifft z. B. Beiträge in Sammelbänden und Zeitschriftenartikel, aber auch die Titel von Gedichten, die z. B. in Gedichtsammlungen erschienen sind.
- **Seitenangabe über mehrere Seiten:** Geht ein Zitat über mehr als eine Seite, so wird dies mit ›f.‹ für ›folgende Seite‹ gekennzeichnet, also zum Beispiel mit ›S. 53 f.‹. Bei paraphrasierenden Zusammenfassungen wird häufig auch auf mehrere Seiten verwiesen, hier kann dann ›ff.‹ für ›fortfolgende Seiten‹ verwenden z. B. ›S. 123 ff.‹. Für einen exakten Beleg ist allerdings die vollständige Angabe der Seiten besser, also z. B. ›S. 56–60‹.

In den folgenden Beispielen wird teils die Klammer-Methode, teils die Fußnoten-Methode gezeigt. Die Kennzeichnungen im Zitat selbst und der Inhalt der Angaben entsprechen sich jedoch bei beiden Methoden. (Die beiden ersten Beispiele sind leicht verändert nach Rettig (2014, S. 107) und Rettig (2012, S. 62). Die folgenden beiden sind zur Demonstration selbst erstellt.)

Hinzufügungen und Hervorhebungen im Zitat

»Seine [des Beispiels] **argumentative Brauchbarkeit** wird ausschließlich durch das Maß bestimmt, in dem sein *Eigensinn* auf den Anwendungsbereich so übertragbar ist, dass es der Absicht des Erzählers nützt« (Steinmetz 2000, S. 166 f., Hinzufüg. H.R., Hervorh. H.R.).

Fehler und Auslassung im Zitat

»Die Kritik an solchen Niveauschlüssen [...] dürfte sich vor allem um die begriffliche Basis drehen, durch die der Übergang von einer [sic!] auf die andere [sic!] der in Betracht gezogenen Fällen [...] gelingt.«[9]

---

[9] Perelman/Olbrechts-Tyteca 2004, S. 501.

(Fremdsprachiges) Zitat im Zitat

Birkner (2006, S. 161) verweist auf eindeutige Forschungsergebnisse: »Frühzeitig unterbrochene Patient/innen äußern [...] nur selten weitere Anliegen: ›the physician interruption at the beginning of the visits inhibited patients from supplying additional, and in some case critical information for decision making‹ (Frankel 2000, S. 89).« Damit ist eine zentrale Problematik des Arzt-Patient-Gesprächs charakterisiert.

Titelnennung im Text

Zu der Frage nach den Motiven der deutschen Popliteratur werden zudem auch der frühe Aufsatz von Winkel »Grenzgänger. Neue deutsche Pop-Literatur«[4] sowie die umfassenden Monographien von Degler/Paulokat *Neue deutsche Popliteratur*[5] und *Popliteratur* von Hecken/Kleiner/Menke[6] herangezogen.

---

[4] Winkel 1999.
[5] Degler/Paulokat 2008.
[6] Hecken/Kleiner/Menke 2015.

Beispiele

5.3.3.2 | Wörtliches Sekundärzitat / ›Blindzitat‹

Es handelt sich um Zitate aus Texten, die man selbst nicht gelesen hat, sondern die man in einem Text eines anderen Autors bereits als Zitate vorgefunden hat. Man kennt das Zitat sozusagen nur vom Hörensagen. Wenn man ein solches vorgefundenes Zitat selbst weiterverwendet, vertraut man blind auf denjenigen, der das vorgefundene Zitat dem Original entnommen hat. Es besteht dabei immer die Gefahr, dass der zwischengeschaltete Autor die Primärquelle nicht zutreffend wiedergegeben hat. Zudem besteht die Gefahr, dass man selbst das Zitat missdeutet, da man den Kontext nicht kennt, in dem es in der Originalquelle steht.

Sekundärzitate sollten vermieden werden! Sie kommen i. d. R. nur dann in Betracht, wenn die Primärquelle nicht verfügbar ist (v. a. bei historischen Quellen) und auch nicht mit vertretbarem Aufwand beschafft werden kann.

Werden die Worte eines fremden Autors/einer fremden Autorin in Form eines Sekundärzitates übernommen, so muss man die Angaben zum Werk des Autors verwenden, die man im tatsächlich gelesenen Werk beim ›zwischengeschalteten‹ Autor vorfindet. Die Belegangabe enthält dann folgende Angaben:

Grundformat für Belegangabe beim Sekundärzitat	Original-Autorennachname Erscheinungsjahr, ›S.‹ Seite, ›zit. n.‹ Nachname des tatsächlich gelesenen Autors, Erscheinungsjahr, Seite

Die Abkürzung ›zit. n.‹ steht hier für ›zitiert nach‹. Das ›sekundärzitierte‹ Original erscheint nicht in der Literaturliste, dort wird nur der tatsächlich gelesene Autor mit seinem Werk aufgeführt – das Werk des zitierten Originalautors hat man schließlich gar nicht selbst in der Hand gehabt.

Beispiel **Sekundärzität im Harvard-Stil**

Nach Wienert ist die Fabel die »Erzählung einer konkreten Handlung, aus der eine allgemeine Wahrheit der Moral oder Lebensklugheit durch die aktive verallgemeinernde Tätigkeit des Geistes der Zuhörer gewonnen werden soll« (Wienert 1925, S. 8, zit. n. Dornseiff 1927, S. 61).

Bei der Belegangabe in Fußnoten kann man genauso vorgehen wie bei der Klammerangabe.

Variante beim traditionelle Stil: In der Fußnote werden der vollständige Titel und die bibliographischen Angaben des sekundärzitierten Werkes genannt. Allerdings werden in diesem Fall zusätzlich noch alle anderen Angaben ›blind‹ übernommen! Welche Variante von Ihrem Dozenten/ihrer Dozentin gewünscht wird, sollten Sie ggf. erfragen.

Beispiel **Sekundärzitat im traditionellen Stil**

Nach Wienert ist die Fabel die »Erzählung einer konkreten Handlung, aus der eine allgemeine Wahrheit der Moral oder Lebensklugheit durch die aktive verallgemeinernde Tätigkeit des Geistes der Zuhörer gewonnen werden soll«[3]

---

[3] Wienert 1925, S. 8, zit. n. Dornseiff 1927, S. 61.
oder
[3] Wienert, Walter: Die Typen der griechisch-römischen Fabel. Mit einer Einleitung über das Wesen der Fabel. Helsinki: Suomalainen Tiedeakatemia 1925. S. 8, zit. n. Dornseiff 1927, S. 61.

5.3.3.3 | Indirektes Zitat / ›Sinnzitat‹

Fremde Gedanken und Ausführungen werden sinngemäß übernommen. Das indirekte Zitat stellt eine inhaltliche Übernahme dar, die in eigener, vom Original abweichender Formulierung (Paraphrase, s. dazu auch Kapitel 4.5.3.4) erfolgt. Es kann sich hierbei auch um die – in eigenen Worten formulierte – Zusammenfassung umfangreicherer Passagen des Originals handeln. Vor den Autorennamen in der Belegangabe (d. h. in der Fußnote oder in der Klammerangabe) wird beim indirekten Zitat ›vgl.‹ gesetzt. Geht eine Paraphrase über mehrere Absätze, so sollte mindestens am Ende jedes Absatzes eine Belegangabe gemacht werden.

Sinn des indirekten Zitates ist nicht die ›Umformulierung‹ und detailgetreue ›Nacherzählung‹ des Originaltextes. Das Sinnzitat dient zum einen dazu, Positionen anderer Autor/innen in verknappter Form wiederzugeben und dabei auf die für die eigene Arbeit und den eigenen Argumentationsgang relevanten Aspekte zu fokussieren. Zum anderen wird bei der Paraphrase bereits häufig eine Positionierung und Bewertung des Wiedergegebenen in Bezug auf die eigene Fragestellung und/oder eine Einordnung in den Fachdiskurs vorgenommen (s. dazu das folgende Unterkapitel).

Sinnzitat und Klammer-Beleg   *Beispiel*

Auch Spiegel verweist auf der Grundlage ihrer Analysen auf die Diskrepanz zwischen den in der Argumentationstheorie behandelten Rekonstruktionen von gedanklichen Strukturen und den in der Gesprächsrealität tatsächlich vollzogenen sprachlichen Aktivitäten (vgl. Spiegel 2003, S. 128).

In ähnlicher Weise zeigen die Zitate aus Probst (2003, S. 211), Meinen (2012, S. 89) und Schaffers (2003, S. 350), wie ein indirektes Zitat belegt wird.

Sinnzitat und Klammer-Beleg   *Beispiele*

Grundsätzlich können sich Komplimente auch auf menschliche Charaktereigenschaften wie Geduld, Liebenswürdigkeit, Freundlichkeit, Fairness, Hilfsbereitschaft oder Großzügigkeit beziehen. Im Allgemeinen ist es jedoch so, dass Neuheiten, ungewöhnliche oder temporäre Erscheinungen einen besonderen Anreiz für die Produktion von Komplimenten darstellen (vgl. Wolfson/Manes 1980, S. 398).

Sinnzitat und Fußnoten-Beleg Variante A mit Erscheinungsjahr

Er folgert, dass es wohl nicht falsch sei, wenn man eine Diskrepanz zwischen der Gestaltung des Stückes und der Auslegung durch den Autor feststelle.[60] Ähnlich Pikulik, der festhält, dass Gottscheds Beteuerungen in Cato kein vollkommenes Muster der Tugend zeichnen zu wollen, nichts daran ändere, dass er es im Drama dennoch sei.[61] Schulz sieht dies in der Unfähigkeit Gottscheds zur differenzierten Charakterzeichnung begründet[62] [...]

---

[60] Vgl. Conrady 1962, S. 75.
[61] Vgl. Pikulik 1990, S. 137.
[62] Vgl. Schulz 1980, S. 108.

Sinnzitat und Fußnoten-Beleg Variante B mit Kurztitel

Verstehen ist zunächst, vor aller Theoriebildung, eine Alltagerfahrung mit pragmatischer Funktion und dient der Lebens-, der Beziehungs- und der Situationsbewältigung.[8]

---

[8] Vgl. Hammerschmidt: Fremdverstehen, S. 21.

Moduswechsel in den Konjunktiv: Bei paraphrasierendem Zitieren in der indirekten Rede drückt der Moduswechsel in den Konjunktiv Neutralität, oder – je nach Kontext – auch Distanz des Autors/der Autorin zum Wiedergegebenen aus. Um zu kennzeichnen, dass es sich um eine Wiedergabe handelt, ist aber der Konjunktiv nicht zwingend notwendig. Entsprechende explizite sprachliche Bezugnahme auf den Urheber des Gedankenguts macht dies ebenfalls deutlich (s. dazu auch die Formulierungsvorschläge im folgenden Abschnitt).

Beispiele ### Wiedergabe im Konjunktiv

Stenschke vermutet, dass die Selektivität des Diskurses durch die Vorgabe einer Vielzahl von emotionserweckenden Beispielen, gerade aus dem Bereich Laut-Buchstaben-Zuordnung, befördert worden sei. Aufgabe linguistischer Öffentlichkeitsarbeit sei es deshalb, eine solche Selektivität und Emotionalität einzudämmen (vgl. Stenschke 2004, S. 245).

Wiedergabe im Indikativ

Stenschke vermutet, dass die Selektivität des Diskurses durch die Vorgabe einer Vielzahl von emotionserweckenden Beispielen, gerade aus dem Bereich Laut-Buchstaben-Zuordnung, befördert wurde. Aufgabe linguistischer Öffentlichkeitsarbeit ist es deshalb, so Stenschke, eine solche Selektivität und Emotionalität einzudämmen (vgl. Stenschke 2004, S. 245).

Wichtig ist, dass innerhalb eines Satze oder einer Wiedergabepassage nicht zwischen Indikativ und Konjunktiv gewechselt werden soll.

5.3.3.4 | Sekundäre nicht-wörtliche Übernahmen

Häufig finden sich in Einführungs- und Überblicksdarstellungen Zusammenfassungen von wichtigen Werken und Studien des behandelten Themenbereichs. Will man auf diese ›Berichte‹ in der Hausarbeit Bezug nehmen, darf man auf keinen Fall so tun, als habe man die Werke/Studien wirklich selbst gelesen! Wie beim wörtlichen Zitat muss eindeutig klar gemacht werden, dass man die Darstellung von einem anderen Autor/einer anderen Autorin nur übernommen hat. Auch hier verlässt man sich, wie beim wörtlichen Sekundärzitat, ganz auf einen anderen Autor/einen andere Autorin – man verfügt nur über Wissen aus zweiter Hand.

Beispiel

Sekundäre Übernahme

Originaltext

Fishmans Untersuchung basiert auf Tonbandaufzeichnungen der privaten Kommunikation dreier Paare im Umfang von 52 Stunden. Die Paare zeichneten ihre Gespräche selbstständig in ihren privaten Räumen auf. Auf der Basis dieses Materials beschreibt Fishman fünf interaktive Strategien (1978, S. 400–402), die von Männern und Frauen unterschiedlich verwendet würden und damit die Konversation entscheidend prägten:
Asking questions: Fishman schreibt, dass sie anhand ihrer Aufzeichnungen den Eindruck gewann, alles was Frauen täten, sei, ständig Fragen zu stellen: »At times I felt that all women do was ask questions« (1987, 400). Fragen haben eine bestimmte Implikation für den weiteren Gesprächsverlauf: Sie verlangen nach einer Antwort. Indem die Frauen in Fishmans Material dreimal so häufig Fragen stellten als die Männer, bringen sie die Männer fortwährend ins Spiel, indem sie den Redezug an sie weitergeben. Teils würden auch Aussagen in Frageformat verfasst, so Fishman. (Ayaß 2008, S. 67)

Sekundäre nicht-wörtliche Übernahme

Ayaß (2008, S. 67 ff.) stellt die viel zitierte Studie von Fishman (1978) zusammenfassend und kritisch dar. Wie von Ayaß erläutert, untersuchte Fishman umfangreiche Tonbandaufnahmen von authentischen Paargesprächen und beschrieb fünf interaktive Strategien, die in den analysierten Gesprächen von Frauen und Männern unterschiedlich häufig verwendet wurden. In einem kurzen Überblick stellt Ayaß (2007, S. 67 f.) die Ergebnisse Fishmans dar: So stellten die Frauen in dem von Fishman untersuchten Material dreimal häufiger Fragen als Männer und gaben dadurch jedes Mal den Redezug weiter (vgl. Ayaß 2008, S. 67). Die Frauen brachten durch dieses Strategie »die Männer fortwährend ins Spiel«, fasst Ayaß (2008, S. 67) zusammen.

Ruth Ayaß hat Fishman (1978) selbst gelesen und führt deshalb die Autorin und ihre Studie (*Interaction: The work women do*) in ihrem Literaturverzeichnis auf. Wer jedoch eine ›sekundäre Übernahme‹ (so wie oben gezeigt) gemacht hat, darf Fishman nicht in sein Literaturverzeichnis aufnehmen, denn in diesem Fall hat man die Studie ja nicht selbst gelesen.

Sekundäre Übernahmen von Darstellungen anderer Autoren können in kleinem Umfang bei einführenden Überblicken (z. B. bei einer knappen Darstellung des Forschungsstandes) im Rahmen einer Hausarbeit in den

Anfangssemestern (jedoch nicht bei Hausarbeiten in höheren Semestern oder in einer Bachelor- oder Master-Arbeit) akzeptabel sein. Ist ein Werk relevant und zentral für die eigene Fragestellung, so sollte immer das Original herangezogen werden und keine ungeprüfte Übernahme der Fremddarstellung erfolgen!

5.3.3.5 | Unspezifischer Verweis/Beleg ohne Seitenzahl

Bei unspezifischen Belegen wird **nicht auf eine bestimmte Stelle** in einem Werk Bezug genommen, sondern auf das Werk als Ganzes oder auf bestimmte Ideen, Positionen, Begriffsverwendungen oder Forschungsergebnisse eines Autors/einer Autorin, die sich nicht nur auf bestimmten Seiten im Werk manifestieren.

In der Belegangabe im Text **entfällt die Angabe der Seite(n), die Belegangabe beginnt** mit ›vgl.‹ (seltener mit ›s.‹) in der Klammer oder Fußnote.

Solche ›globalen‹ Verweise zeigen, dass der/die Verfasserin Kenntnis darüber hat, womit sich das jeweilige Werk inhaltlich befasst und ggf. auch, in welchem Verhältnis das Werk zum bisher Gesagten bzw. zur eigenen Position steht.

Mit ›vgl.‹ im unspezifischen Beleg kann zum Ausdruck kommen
- dass andere Autor/innen in ihrem Werk eine zuvor im Text allgemein beschriebene Auffassung (die auch die eigene sein kann), in ihrem Werk **ebenfalls vertreten, stützen oder belegen**;
- dass andere Autor/innen in ihrem Werk eine **gegenteiliger Auffassung** vertreten, man schreibt dann z. B. ›vgl. dagegen‹;
- dass andere Autoren in ihrem Werk noch **mehr zu einem Thema** sagen können, **zusammenfassend/überblicksartig** darüber berichten oder **unter anderem Blickwinkel** dazu beitragen, man schreibt z. B. ›vgl. zusammenfassend‹ oder ›vgl. zur Diskussion‹.
- dass andere Autor/innen in ihrem Werk auf den zuvor behandelten Inhalt **ergänzend/weiterführend** eingehen, in solchen Fällen finden sich häufig zusätzliche sprachliche Zusätze, typische Formulierungen sind: ›s. hierzu/dazu ...‹, ›vgl. auch‹ oder ›vgl. etwa‹

Die folgenden Beispiele stammen aus Probst (2003, S. 214, Hinzufüg. H.R.), Spieß/Günthner/Hüppner (2012, S. 10) und Ehrhardt/Neuland (2009, S. 19).

Beispiele

Unspezifischer Verweis mit ›vgl.‹ – Klammer-Beleg

[A]llein die Tatsache, dass es unvermittelt und relativ unabhängig von Thema und Zeitpunkt auftreten kann, verleiht dem Kompliment spontanen und originellen Charakter. Allerdings sind dem Gebrauch formelhafter Äußerungen auch Grenzen gesetzt, was sich in den Ergebnissen kontrastiver Studien herausgestellt hat (vgl. Barnlund/Araki 1985; Henderson 1995; Lewandowska-Tomaszcyk 1989; Kerbrat-Orcchioni 1987; Chen 1993).

Denjenigen Ansätzen, die die Binarität der Geschlechter in weibliches und männliches Geschlecht weiterhin als natürlich gegeben voraussetzen, stehen (de-)konstruktivistische Ansätze kritisch gegenüber (vgl. Hornscheidt 2002; vgl. Lazar 2005a und b; vgl. Mills 2003).

Unspezifischer Verweis mit ›vgl.‹ – Fußnoten-Beleg

An der kontrastiven Gegenüberstellung vermeintlich klar abgrenzbarer Kulturen wurde schon verschiedentlich Kritik laut,[16] als Erklärungsmodell für die interkulturelle Kommunikation scheinen solch bi-polar angelegte Modelle jedenfalls unzureichend.[17]

---

[16] Vgl. dazu Hinnenkamp 1994.
[17] Vgl. dazu Neuland 2009.

Wird auf inhaltlich im Text genauer umrissene Ideen, Positionen, Bewertungen und Begriffsverwendungen eines Einzelnen direkt Bezug genommen, wird auf ein ›vgl.‹ jedoch auch häufig ganz verzichtet. Die ist in den folgenden Beispielen zu sehen, sie stammen aus Sandig (2000, S. 297), Kothoff (2002, S. 8) und Feilke (2016, S. 256 f.).

Unspezifischer Verweis ohne Zusatz ›vgl.‹   Beispiele

Der Grund, warum ich Ellipsenmuster auf die möglichen Vollsätze beziehe, liegt darin, dass die Ellipsenmuster und die entsprechenden Vollsätze in Erzählungen Alternativen mit verschiedenem stilistischem Wert darstellen. Insofern greift Fiehlers (1994) Kritik an einem solchen Vorgehen hier nicht. Ich möchte deshalb auch nicht so weit gehen wie Ortner (1987), der aus der Tatsache, dass *Ellipsentypen* oder -muster vorliegen, eine völlige Trennung von der üblichen Satzgrammatik postuliert.

Hirschauer (2001) dehnt das Konzept des »undoing gender« auf unterschiedliche Arten der Neutralisierungsarbeit aus. Heintz/Nadai (1998) beziehen »undoing gender« auf größere Aktivitätenkomplexe, wie z. B. bestimmte Berufstätigkeiten, die sowohl in ihrem Image als auch in ihrer Binnendifferenzierung vom Faktor Geschlecht entlastet sein können.

Bekannt ist etwa die Tatsache, dass das Alphabet schon Jahrhunderte existierte, bevor man auf die Idee kam, es als Ordnungsprinzip für Nachschlagewerke zu nutzen. Illich (1991), Parkes (1999) und Saenger (1999) haben den hier zugrundeliegenden Praktikenwandel im Spätmittelalter sehr gut beschrieben. Sie zeigen, wie historisch-kulturell eine Situation entsteht, in der die bedeutungsbezogene Textanalyse wichtiger wird als zum Beispiel das kalligraphische Kopieren oder gottesdienstliche Rezitieren alphabetschriftlicher Seiten. Hier treten nicht Schriftsysteme und Schrifttechniken, sondern zuallererst Praktiken des Schriftgebrauchs in Opposition zueinander.

5.3.3.6 | Explizite Bezugnahme auf den Urheber beim Zitieren

Bei wörtlichen Zitaten ist bereits durch die Anführungszeichen bzw. die typographische Hervorhebung eindeutig erkennbar, dass es sich bei dem Zitierten um die Worte eines anderen Autors/einer anderen Autorin handelt und wo das Zitat beginnt und endet.

Bei indirekten Zitaten muss dies explizit deutlich gemacht werden, indem man direkt im Text auf den/die paraphrasierte Autor/in verweist. Häufig bleibt dies in studentischen Arbeiten unklar, d. h. es ist nicht deutlich, wo eigenes Gedankengut endet und wiedergegebenes Gedankengut beginnt. So findet man häufig am Ende eines langen Absatzes eine Fußnoten- oder Klammerbeleg, ohne dass in diesem Absatz der Name des belegten Autors/der belegten Autorin auch nur ein einziges Mal Erwähnung gefunden hat.

Aber auch bei direkten Zitaten muss häufig durch geeignete sprachliche Bezugnahme auf den zitierten Autor das Zitat in den Text ›eingebaut‹ werden. Zudem bedeutet die kommentierende Bezugnahme auf den/die Autor/in (sowohl beim direkten als auch beim indirekten Zitat) eine Bewertung und Positionierung des Wiedergegebenen (hierauf wird unten genauer eingegangen).

Im Folgenden finden Sie zunächst Formulierungsvorschläge für die explizite sprachliche Bezugnahme auf den Autor/die Autorin (erweiterte Liste auf der Grundlage von Steinhoff 2009a, S. 176):

Formulierungs-
vorschläge

Bezugnahme auf Handlungen des Autors/der Autorin	X schreibt X sagt laut X nach X X zufolge X weist darauf hin X nimmt an X geht davon aus X stellt fest X spricht von X führt hierzu aus X unterscheidet X folgert X fordert X bewertet A als unter A versteht X X beschreibt Y als unter A fasst X X zeigt X erörtert X veranschaulicht X hebt hervor X betont X stellt heraus X vertritt die Auffassung, dass … X geht von der Annahme aus, dass … X formuliert die Hypothese, dass … X kommt zu der Erkenntnis, dass …

Bezugnahme auf Handlungen des/der Autor/in im Vergleich zu anderen Autor/innen oder Positionen	Während X die Ansicht B vertritt, geht Y davon aus dass, ... Anders als Y nimmt X an, dass ... X widerspricht Y in Bezug auf B, indem er ... Im Gegensatz zu Y meint X ... Auch X geht, ähnlich wie Y, davon aus, dass ... Übereinstimmend nehmen X und Y an, dass ... X teilt die Ansicht von Y, dass ...
Kritischer/bewertender eigener Kommentar bei der Darstellung	X betont mit Recht ... Interessanterweise kommt X hier zu dem Schluss, dass ... X stellt die fragwürdige These auf, dass ... Die Meinung, dass X, scheint fragwürdig. X begnügt sich mit ... Die Auffassung von X, dass B, scheint zweifelhaft. Im Widerspruch zu seinen vorherigen Aussagen nimmt X nun an, dass ... X bleibt vage in ... Die Darstellung von X, dass Y, ist widersprüchlich. Für die Behauptung, dass X, findet sich kein Beleg. Die Behauptung von X, dass Y ... Pauschalisierend kommt X zu dem Urteil, dass ... Ohne weitere empirische Belege geht X im Folgenden davon aus, dass ...

Wie vor allem bei den letzten beiden Aufzählungskategorien explizit erkennbar wird, bedeutet die korrekte und sinnvolle (paraphrasierende oder zitierende) Bezugnahme auf die Forschungsliteratur eine eigene Leistung. Man kann auf einen Text vergleichend zu anderen Bezug nehmen und man kann seine eigene Einschätzung und Bewertung bei der Darstellung einfließen lassen.

»Routiniertheit der literalen Praktik wissenschaftlichen Zitierens zeigt sich darin, dass ein Schreiber in der Lage ist, eine Fremdäußerung zugleich *wiederzugeben*, sie zu *bewerten* und – *streitend* – auf aktuelle kontroverse Gesichtspunkte der Fachdiskussion zu beziehen« betont Feilke (2016, S. 270, Hervorh. i. Orig.).

Zitatnomen

Zur Vertiefung

Ein sprachliches Mittel, mit dem auf wiedergegebene Positionen Bezug genommen wird, sind nach Feilke (2016, S. 271) die sogenannten »Zitatnomen«. Er versteht darunter z. B. Nomina wie *Behauptung*, *These*, *Meinung*, *Annahme*, *Hypothese*, *Erkenntnis* oder *Auffassung*. Über das verwendete Zitatnomen zeige sich »wie der Schreiber selbst den Fachdiskurs auffasst, z. B. als Gemengelage von bloßen *Meinungen*, wo der eine dies und der andere eben das *meint*, oder als eine argumentative Auseinandersetzung über sachhaltige Thesen, deren Haltbarkeit zu prüfen ist« betont Feilke (ebd., Hervorh. i. Orig.). Seine Untersuchungsergebnisse zeigen, dass Expert/innen überwiegend thesenbetonte Nomina (wie *Hypothese* oder *Erkenntnis*), Studierende dagegen meinungsbetonte Zitatnomen (wie *Meinung* oder *Auffassung*) verwenden (vgl. ebd., S. 271). Die

Verwendung von thesenbetonten Nomina zeigt also eine fachlich-inhaltliche Einordnung wissenschaftlicher Positionen und damit auch die Fähigkeit zu einer reflektierten, eigenständigen Auseinandersetzung an.

5.4 | Quellenverzeichnis: Literaturangaben und Angaben anderer Quellen

Alle in der Arbeit verwendeten, tatsächlich im Text erwähnten oder zitierten Quellen werden in einheitlicher Form im Literatur- bzw. Quellenverzeichnis am Ende der Hausarbeit angegeben.

Grundregeln

- **Alphabetische Reihenfolge:** Die Auflistung erfolgt in alphabetischer Reihenfolge, geordnet nach den Nachnamen der Autor/innen. Die Nachnamen werden stets zuerst genannt, die Vornamen werden ausgeschrieben.
- **Mehrere Autor/innen oder Herausgeber/innen:** In diesem Fall werden im Literaturverzeichnis alle Personen genannt. Eine übliche Variante ist, bei allen Autor/innen zuerst den Nach- und dann den Vornamen zu nennen. Die Namen werden durch einen Schrägstrich getrennt, z. B.: ›Müller, Ruth/Meier, Fabian‹.
- **Herausgeber:** Handelt es sich um einen Sammelband wir hinter die Namen der Herausgeber/innen der Zusatz ›Hg.‹ gesetzt (alternativ ist auch ›Hrsg.‹ oder – bei mehreren Herausgebern – ›Hgg.‹ üblich), z. B. ›Diekmannshenke, Hajo/Klemm, Michael/Stöckl, Hartmut (Hg.)‹
- **Institutionen:** Wenn keine einzelnen Autoren/Autorinnen genannt werden, sondern Institutionen wie Ämter, Behörden oder Ministerien als Urheber des Textes anzusehen sind, wird die Institution genannt, also z. B. ›Statistisches Bundesamt‹.
- **Mehrere Werke des gleichen Autors:** Wurden mehrere Werke des gleichen Autors verwendet, wird aufsteigend nach Erscheinungsjahr sortiert, d. h. die älteren Werke stehen vor den jüngeren.
- **Reihenfolge bei Werken des gleichen Autors:** Zuerst werden die alleinigen Veröffentlichung des Autors/der Autorin (aufsteigend nach Jahr sortiert, die älteste Veröffentlichung zuerst) aufgeführt, dann ggf. die mit anderen Autor/innen gemeinsamen Veröffentlichungen (ebenfalls aufsteigend nach Jahr sortiert, die älteste Veröffentlichung zuerst).
- **Mehrere Werke des gleichen Autors aus dem gleichen Jahr:** Werden mehrere Werke eines Autors/einer Autorin, die im gleichen Jahr erschienen sind, belegt, wird hinter die Jahreszahl in Kleinbuchstaben in aufsteigender alphabetischer Reihenfolge »a«, »b«, »c«. etc. angefügt, also z. B. ›Meier (2010a)‹, ›Meier (2010b)‹. Dies wird auch bei den Belegen im Text in gleicher Weise gekennzeichnet.

- **Namenszusätze** (wie ›von‹ oder ›van‹) werden nachgestellt, d. h. nach dem Vornamen angefügt (z. B. Polenz, Peter von).
- **Titel:** Im Titel wissenschaftlicher Werke finden sich häufig Zitate, Sonderzeichen oder Hervorhebungen. Im Literaturverzeichnis soll der Titel so wie im Original wiedergegeben werden.
- **Untertitel:** Der Untertitel eines Werkes gehört mit zum Titel und wird stets mit angeführt.
- **Mehr als drei Verlagsorte:** Sind mehr als drei Verlagsorte zu verzeichnen, darf man sich auf die Nennung des erstgenannten Ortes beschränken und ›u. a.‹ (=und andere) hinzufügen.
- **Mehrbändige Werke:** Wurde aus einem Band eines mehrbändigen Werkes zitiert, wird die entsprechend Nummer des Bandes in der bibliographischen Angabe mit angeführt (s. dazu das Beispiel unter 5.4.4.2).
- **Qualifikationsschriften** wie Master-Arbeiten, Dissertationen oder Habilitationsschriften werden genauso belegt wie andere Monographien. Allerdings werden zusätzliche Angaben zur Art und Ort der Qualifikationsschrift gemacht (s. Kapitel 5.4.4.3).
- **Rezensionen** zu fachlichen Werken werden durch einen entsprechenden Hinweis und die Angaben zum rezensierten Werk belegt (Genaueres s. Kapitel 5.4.4.4).
- **Fremdsprachige Publikationen** werden an deutsche Konventionen angepasst (d. h. man schreibt z. B. ›Hg.‹ statt ›eds.‹), die Groß- und Kleinschreibung bleibt wie im Original.
- **Verlagsangaben:** Auch wenn im Werk bei der Verlagsnennung das Wort ›Verlag‹ beim Verlagsnamen erscheint, wird dies in der Literaturangabe weggelassen: aus ›Metzler Verlag‹ wird in der Angabe ›Metzler‹.
- **Fehlende Angaben:** Fehlt ein Teil einer Angabe, so wird dies – in Klammern am Ende des Eintrags – wie folgt gekennzeichnet:
  o. J. = ohne Jahr
  o. O. = ohne Ort
  o. V. = ohne Verfasser
  Diese Angaben dürfen nur gemacht werden, wenn sie tatsächlich im Text/Werk/der Quelle fehlen! Im Zweifelsfall muss man erneut recherchieren.
- **Angaben zur Auflage** werden nur dann gemacht, wenn es sich nicht um die erste Auflage handelt. Alle Angaben zur Auflage werden mit übernommen (also z. B. ›unveränderte Auflage‹ oder ›überarbeitete und ergänzte Auflage‹).
- **Im Druck:** Ist ein Werk noch nicht erschienen und man will dennoch auf das Erscheinen verweisen oder man hatte Zugang zum Text vor der Drucklegung, wird ›im Druck‹ statt der Jahreszahl eingefügt.
- **Primär- und Sekundärliteratur:** Falls notwendig, soll im Literaturverzeichnis der Hausarbeit zwischen Primärliteratur/-quellen und Sekundärliteratur/-quellen (auch ›Forschungsliteratur‹ genannt) unterschieden werden (s. hierzu das folgende Kapitel).

5.4.1 | Was sind Primär- und Sekundärliteratur bzw. -quellen?

Primärliteratur/-quellen: Dies sind die Originalquellen, mit denen und über die man arbeitet. Es handelt sich um die (literarischen oder nicht-literarischen) Werke oder andere Quellen (z. B. Filme, Werbeanzeigen etc.), die vom Verfasser/der Verfasserin der Arbeit zum Gegenstand der Betrachtung/Analyse/Interpretation gemacht wurden. Primärquellen können literarische Werke, aber auch nicht-fachliche, nicht-literarische Texte oder Filme sein. So kann man z. B. Schulbücher zum Gegenstand der Betrachtung machen, diese sind dann die ›Primärliteratur‹.

Sekundärliteratur/-quellen bzw. Forschungsliteratur: Dies sind die fachlichen Quellen, die zur Bearbeitung der (auf die Primärquelle(n) bezogenen) Frage-/Aufgaben-/Problemstellung herangezogen wurden. Sekundärliteratur bzw. Forschungsliteratur kann sich inhaltlich direkt auf die Primärquellen beziehen, dies muss aber nicht der Fall sein.

Die Quellen werden ggf. im Literaturverzeichnis unter zwei verschiedenen Überschriften getrennt aufgelistet, d. h. sie werden entweder unter ›Primärliteratur/Primärquellen‹ oder unter ›Sekundärliteratur/Sekundärquellen‹ oder ›Forschungsliteratur‹ angeführt. Wird eine Hausarbeit verfasst, bei der keine Primärquellen im oben genannte Sinn herangezogen, betrachtet, untersucht, interpretiert, analysiert oder in anderer Weise bearbeitet werden, entfällt die Unterteilung.

5.4.2 | Varianten beim Belegen im Literatur- und Quellenverzeichnis

Bei der Angabe von Quellen am Ende einer Arbeit gibt es zahllose (fach-, verlags- oder dozentenspezifische) Varianten. Erkundigen Sie sich bei Ihrem Betreuer/Ihrer Betreuerin, ob es Vorgaben für die Gestaltung des Literatur- und Quellenverzeichnisses gibt. Unterschiede bestehen häufig hinsichtlich folgender Punkte:

Platzierung der Jahreszahl: Diese kann nach dem Autor/innen-Namen (Harvard-Stil) oder am Ende der Angabe (traditioneller Stil) erfolgen.

Die Reihenfolge der einzelnen Angaben kann insgesamt variieren.

Namensnennung: Insbesondere die Reihenfolge der Nennung von Vor- und Nachname variiert (v. a. bei der Nennung mehrerer Namen und bei der ›in‹-Angabe), die Platzierung von Namenszusätzen ebenfalls. Generell üblich ist in erster Position der Angabe die Reihenfolge ›Name, Vorname‹.

Grafische Hervorhebung des Titels: Der Titel des belegten Werkes kann hervorgehoben werden (z. B. häufig durch Kursivdruck) oder auch nicht.

Verwendete Trennzeichen: Die einzelnen Angaben im Beleg können durch Kommata, Punkte, Doppelpunkt, Schrägstrich oder Semikolon getrennt werden, hier gibt es verschiedenste Kombinationsmöglichkeiten.

Zahl/Ort der Trennzeichen: Je nach Variante werden einzelne Angaben durch Trennzeichen oder nur durch Leerzeichen getrennt.

Angabe von ›S.‹ für ›Seite‹: Die Seitenzahlen – je nach Variante – mit oder ohne die vorangestellte Abkürzung ›S.‹ angegeben.

Angabe von ›H.‹ für ›Heft‹, ›Bd. für ›Band‹ und ›Jg.‹ für ›Jahrgang‹: Diese Abkürzungen werden verwendet, oder die Angaben werden ohne diese Abkürzungen gemacht.

Angabe des Verlages: Der Verlag kann angegeben werden oder dies kann unterbleiben – dies variiert z. B. je nach Fach oder Verlag. Die Verlagsnennung wird in studentischen Hausarbeiten meisten nicht gefordert.

> **Wichtigstes Grundprinzip:** Literatur- und Quellenangaben müssen stets vollständig, korrekt und in einheitlicher Form erfolgen.

Tipp

Wir zeigen Ihnen im Folgenden zwei übliche Varianten für die Angaben von verschiedenen Arten von Quellen, die sich vor allem durch ein Merkmal, nämlich die Platzierung der Jahreszahl, unterscheiden.

Bei Belegangaben übliche Abkürzungen, die auch in den folgenden Beispielen verwendet werden, finden Sie tabellarisch zusammengefasst in Kapitel 5.4.5.

5.4.3 | Selbstständige Quellen

›Selbstständig‹ sind Quellen bzw. ein Werk,
- das von einem oder mehreren Autor/innen verfasst wurde (Monographie) oder
- wenn auf einen Sammelband als Ganzes unter dem Namen seiner Herausgeber/innen Bezug genommen wird

5.4.3.1 | Monographien

Variante 1: Harvard-Stil

Name, Vorname (Erscheinungsjahr):
Titel. Untertitel.
ggf. Angaben zur Auflage.
Ort: Verlag
(=Reihentitel Nummer).

Grundformat
Monographie

Variante 2: Traditioneller Stil

Name, Vorname:
Titel. Untertitel.
ggf. Angaben zur Auflage.
Ort: Verlag
Erscheinungsjahr
(=Reihentitel Nummer).

Variante 1 (Harvard-Stil): Werden die Belege im Text im Harvard-Stil (mit Klammer-Beleg) gemacht, so wird auch das Literatur-/Quellenverzeichnis in diesem Stil angelegt. Zentrales Kennzeichen ist, dass die Jahreszahl am Beginn der Angabe, hinter dem Autor/innen-Namen, in Klammern platziert wird.

Soll der Verlag nicht genannt werden, endet die Angabe nach der Nennung des Ortes mit einem Punkt oder es schließt sich – nach einem Leerzeichen – der Reihentitel in Klammern an.

Variante 2 (traditioneller Stil) ist z. B. verbreitet in den Literaturwissenschaften und wird normalerweise verwendet, wenn die Belege im Text in Fußnoten gemacht wurden.

Soll der Verlag nicht genannt werden, so erfolgt die Angabe der Jahreszahl direkt hinter dem Verlagsort, es wird nur ein Leerzeichen (kein Trennzeichen) zwischen Ort und Jahr eingefügt (also z. B. ›Stuttgart 2016‹).

Beispiele   **Variante 1: Harvard-Stil**

Eisenberg, Peter (2013): Grundriss der deutschen Grammatik. 4., durchges. u. erw. Aufl. Stuttgart: Metzler.
Kallass, Kerstin (2015): Schreibprozesse in der Wikipedia. Wiesbaden: Springer VS.
Meißner, Iris/Wyss, Eva Lia (Hg.) (2017): Begründen – Erklären – Argumentieren. Konzepte und Modellierungen in der Angewandten Linguistik. Tübingen: Stauffenburg (=Stauffenburg Linguistik 93).
Polenz, Peter von (2008): Deutsche Satzsemantik. Grundbegriffe des Zwischen-den-Zeilen-Lesens. 3., unveränd. Aufl. Berlin/New York: De Gruyter.
Schwitalla, Johannes (2012): Gesprochenes Deutsch. Eine Einführung. 4., neu bearb. u. erw. Aufl. Berlin: Erich Schmidt (=Grundlagen der Germanistik 33).

Variante 2: Traditioneller Stil

Arend, Helga (Hg.): »Und wer bist du, der mich betrachtet?« Populäre Literatur und Kultur als ästhetische Phänomene. Festschrift für Helmut Schmiedt. Bielefeld: Aisthesis 2010.
Frei, Nikolaus: Die Rückkehr der Helden. Deutsches Drama der Jahrhundertwende (1994–2001). Tübingen: Narr 2007 (=Forum modernes Theater 32).

Nover, Immanuel: Referenzbegehren. Sprache und Gewalt bei Bret Easton Ellis und Christian Kracht. Köln/Weimar/Wien: Böhlau 2012.

Pfäfflin, Sabine: Auswahlkriterien für Gegenwartsliteratur im Deutschunterricht. 2., korr. u. überarb. Aufl. Baltmannsweiler: Schneider Hohengehren 2010.

Staël-Holstein, Madame de: Liebe, Ehe und feministische Tendenzen in den Romanen *Delphine* und *Corinne*. o. O. 1813.

5.4.3.2 | Stark abweichendes Erstveröffentlichungsjahr

Wenn Erstveröffentlichungsjahr und Neuerscheinungsjahr stark voneinander abweichen, kann man im Literaturverzeichnis beide Veröffentlichungsdaten anführen, damit klar ist, in welcher Zeit die Quelle zu verorten ist (man ›muss‹ es aber nicht tun). Dies ist natürlich nur möglich, wenn sich in dem Nach- oder Wiederabdruck im Vergleich zur Originalausgabe nichts verändert hat.

Bei den Belegen im Text (Klammer oder Fußnote mit Jahresangabe) sollten dann entsprechend beide Jahreszahlen (etwa ›1927/2007‹) angegeben werden. Die Angaben im Literaturverzeichnis beziehen sich aber genau auf das Werk, aus dem man zitiert hat.

Variante 1: Harvard-Stil   Beispiele

Dornseiff, Franz (1927/2007): Literarische Verwendungen des Beispiels. In: Ruchatz, Jens/Willer, Stefan/Pethes, Nicolas (Hg.): Das Beispiel. Epistemologie des Exemplarischen. Berlin: Kadmos, S. 61–78.

Kant, Immanuel (1821/1964): Vorlesung über die Metaphysik. Fotomech. Nachdr. d. Originalausg. Erfurt 1821. Darmstadt: Wissenschaftliche Buchgesellschaft.

Wittgenstein, Ludwig (1958/1970): Das Blaue Buch. Eine Philosophische Betrachtung. Hg. v. Rush Rees. Frankfurt a. M.: Suhrkamp.

Variante 2: Traditioneller Stil

Dornseiff, Franz: Literarische Verwendungen des Beispiels. In: Jens Ruchatz/Stefan Willer/Nicolas Pethes (Hg.): Das Beispiel. Epistemologie des Exemplarischen. Berlin: Kadmos 2007, S. 61–78. Erstveröffentlichung 1927.

Kant, Immanuel: Vorlesung über die Metaphysik. Fotomech. Nachdr. d. Originalausg. Erfurt 1821. Darmstadt: Wissenschaftliche Buchgesellschaft 1964.

Wittgenstein, Ludwig: Das Blaue Buch. Eine Philosophische Betrachtung. Hg. v. Rush Rees. Frankfurt a. M.: Suhrkamp 1970. Erstveröffentlichung 1958.

5.4.3.3 | Qualifikationsschriften

Zitierfähige Qualifikationsschriften sind in erster Linie Dissertationen und Habilitationsschriften. Hier sind drei Fälle zu unterscheiden:

- Bei Dissertationen kann die Schrift in der Bibliothek von Hochschulen als Vervielfältigung vorliegen.
- Bei Dissertationen kann die Schrift über den Publikationsserver der Hochschule allgemein zugänglich und mit einem Permanent Link (s. dazu Kapitel 5.5.1) versehen sein. Hier wird die entsprechende Angabe hinzugefügt.
- Die Schrift ist in einem Verlag regulär veröffentlicht. Der Zusatz, dass es sich um eine Dissertation oder Habilitation handelt, wird in der Regel zur ›normalen‹ Angabe hinzugefügt. Bei Habilitationen wird der Zusatz ›zugl.‹ (=zugleich) hinzugefügt. Den Hinweis, dass es sich bei einem Werk ›zugleich‹ um die veröffentlichte Fassung der Dissertation/Habilitation des/der Autor/in handelt, finden Sie am Anfang des jeweiligen Buches in der Titelei bzw. in der Impressum-Angabe.

Hinzugefügt werden in der Angabe in allen drei Fällen die Art der Hochschulschrift, die Universität und – falls nicht aus dem Namen erkennbar – der Universitätsort sowie das Jahr der Zulassung der Qualifikationsschrift.

Beispiele	Gnosa, Tanja (2016): Im Dispositiv. Macht – Medium –Wissen. Diss. Univ. Koblenz-Landau 2015. urn:nbn:de:kola-13033. Liebert, Wolf-Andreas (2002): Wissenstransformationen. Handlungssemantische Analysen von Wissenschafts- und Vermittlungstexten. Zugl. Habil.-Schrift, Univ. Trier 2000. Berlin/New York: De Gruyter (=Studia Linguistica Germanica 63).

5.4.3.4 | Fachlexika/Handwörterbücher

Bei Fachlexika und Handwörterbüchern gibt es zwei Möglichkeiten für den bibliographischen Beleg im Literaturverzeichnis: Entweder wird der Name des Autors/Herausgebers vorangestellt oder der Titel. Beide Varianten sind üblich.

Je nach Variante, für die man sich entschieden hat, muss man dann bei den Belegen im Text entsprechend den/die Herausgeber-Name(n) oder den Werktitel angeben.

Beispiele	**Variante 1: Harvard-Stil** Glück, Helmut/Rödel, Michael (Hg.) (2016): Metzler Lexikon Sprache. 5., aktual. u. überarb. Aufl. Stuttgart: Metzler. oder Metzler Lexikon Sprache (2016). Hg. v. Helmut Glück und Michael Rödel. 5., aktual. u. überarb. Aufl. Stuttgart: Metzler.

Variante 2: Traditioneller Stil

Butzer, Günther/Jakob, Joachim (Hg.): Metzler Lexikon literarischer
  Symbole. 2., erw. Aufl. Stuttgart: Metzler 2012.
oder
Metzler Lexikon literarischer Symbole. Hg. v. Günther Butzer und Joachim Jakob. 2., erw. Aufl. Stuttgart 2012.

5.4.4 | Unselbstständige Quellen: In-Angabe

›Unselbstständig‹ erschienene Quellen sind Beiträge von Autor/innen, die
›in‹ einem Sammelband, einer Festschrift, einem Handbuch/Fachlexikon
oder einer Fachzeitschrift – zusammen mit vielen anderen Beiträgen –
erschienen sind.

5.4.4.1 | Aufsätze in einem Sammelband

Ein Sammelband ist ein Werk, in dem eine Vielzahl verschiedener Autor/
innen Aufsätze veröffentlicht hat. Der Sammelband wird ›herausgegeben‹
von einer oder mehreren Personen (=Herausgeber/Herausgeberin).

Zitiert oder erwähnt man einen Aufsatz aus einem solchen Sammel-band, wird im Text der Hausarbeit **immer** der Name des Aufsatz-Autors/der Aufsatz-Autorin genannt und belegt – **nicht** der Name des Heraus-gebers! Auch im Literaturverzeichnis am Ende der Arbeit wird entspre-chend zuerst der Name des Aufsatz-Autors genannt. Es folgen die ande-ren bibliographischen Angaben und die ›in-Angabe‹. Alphabetisch ein-sortiert wird der Aufsatz ebenfalls nach dem Nachnamen des/der Au-tor/in des Aufsatzes.

Tipp

Auf Sammelbände kann man allerdings auch in Gänze verweisen, z. B.
wenn man im Text erwähnt, dass zu einem bestimmten Forschungsgebiet
ein aktueller Sammelband erschienen ist. In einem solchen Fall werden
die Namen der Herausgeber sowohl bei den Belegen im Text als auch an
erster Stelle im Literaturverzeichnis am Ende genannt (s. Kapitel 5.4.3 zu
›selbstständige Quellen‹).
  Unter die Sammelbände fallen auch sogenannte ›Festschriften‹, d. h.
Sammelbände, die zur Würdigung eines Wissenschaftler/einer Wissen-
schaftlerin von seinen/ihren Kolleg/innen erstellt worden sind. Anlässe
für Festschriften sind häufig Geburtstage der Gewürdigten oder die Eme-
ritierung (im Fall von Professor/innen). Solche Sammelbände tragen im
Titel oder Untertitel den Begriff ›Festschrift‹ in Verbindung mit dem Namen des Gewürdigten (Beispiel s. unten).

Grundformat
›in‹ einem
Sammelband

Variante 1: Harvard-Stil

Nachname, Vorname (Jahr):
Titel. Untertitel.
›In:‹
Herausgebername(n) Nachname, Vorname ›(Hg.)‹:
Titel des Sammelbandes. Untertitel.
ggf. Aufl.
Ort: Verlag,
›S.‹ Seitenzahlen von–bis
(=ggf. Reihenname Nr. des Bandes).

Variante 2: Traditioneller Stil

Nachname, Vorname:
Titel. Untertitel.
›In:‹
Herausgebername(n) Vorname Nachname ›(Hg.)‹:
Titel des Sammelbandes. Untertitel.
ggf. Aufl.
Ort: Verlag Jahr,
›S.‹ Seitenzahlen von–bis
(–ggf. Reihenname Nr. des Bandes).

Beispiele

Variante 1

Biere, Bernd Ulrich (2007): Linguistische Hermeneutik und hermeneutische Linguistik. In: Hermanns, Fritz/Holly, Werner (Hg.): Linguistische Hermeneutik. Theorie und Praxis des Verstehens und Interpretierens. Tübingen: Niemeyer, S. 7–21.
Helmholt, Katharina von (2007): Interkulturelles Training: Linguistische Ansätze. In: Straub, Jürgen/Weidemann, Arne/Weidemann, Doris (Hg.): Handbuch interkulturelle Kommunikation und Kompetenz. Grundbegriffe – Theorien. Stuttgart: Metzler, S. 763–772.
Müller, Nicole/Scharloth, Joachim (2017): Beziehung und *Scripted Narrarative*. Erzählungen vom ›Ersten Mal‹. In: Linke, Angelika/Schröter, Juliane: Sprache und Beziehung. Berlin/Boston: De Gruyter, S. 73–98 (=Linguistik – Impulse und Tendenzen 69).

Variante 2

Neuhaus, Stefan: Vom Anfang und Ende der Literaturkritik. Das literarische Feld zwischen Autonomie und Kommerz. In: Andrea Bartl/Markus Behmer (Hg.): Die Rezension. Aktuelle Tendenzen der Literaturkritik. Würzburg: Königshausen & Neumann 2017, S. 33–57 (=Konnex. Studien im Schnittbereich von Literatur, Kultur und Natur 22).
Schaffers, Uta: Weltliteratur in der Schule. Fragen zu Konzeption und Kanon. In: Stefan Neuhaus/Uta Schaffers (Hg.): Was wir lesen sollen. Kanon und literarische Wertung am Beginn des 21. Jahrhunderts. Würz-

burg: Königshausen & Neumann 2016, S. 261–281 (=Film – Medium – Diskurs 74).

Wünsche, Marie-Luise (2010): Harry Potter und die Zauberkunst der Unterhaltung. Kleine Ästhetik und Didaktik eines Weltbestsellers. In: Helga Arend (Hg.): »Und wer bist du, der mich betrachtet?« Populäre Literatur und Kultur als ästhetische Phänomene. Festschrift für Helmut Schmiedt. Bielefeld: Aisthesis, S. 339–350.

Sonderfall: Artikelverfasser und Herausgeber sind identisch

In einem solchen Fall wird die erneute Namensnennung üblicherweise vermieden, der Name wird mit ›Ders.‹ (=derselbe) bzw. ›Dies.‹ (=dieselbe oder dieselben/Plural) abgekürzt.

Variante 1: Harvard Stil

Beispiele

Felder, Ekkehard/Gard, Andreas (2015): Sprache – Erkenntnis – Handeln. In: Dies. (Hg.): Handbuch Sprache und Wissen. Berlin/Boston: De Gruyter, S. 3–33 (=Handbücher Sprachwissen 1).

Variante 2: Traditioneller Stil

Lamping, Dieter: Methoden der Lyrikinterpretation. In: Ders. (Hg.): Handbuch Lyrik. Theorie, Analyse, Geschichte. 2., erw. Aufl. Stuttgart: Metzler 2016, S. 38–48.

5.4.4.2 | Artikel in einem Handbuch/Fachlexikon

Bei namentlich gekennzeichneten Artikeln werden der/die Autor/in zuerst genannt und dann, entsprechend dem Grundformat, die notwendigen ›in‹-Angaben gemacht.

In manchen Fällen steht unter dem Artikel im Handbuch oder Lexikon nur ein Namenskürzel (zumeist Anfangsbuchstaben des Vor- und Nachnamens), die ›Auflösung‹ der Namenskürzel mit den vollständigen Namen der Autor/innen findet sich in der Regel am Anfang oder am Ende des Werks in einer Übersicht.

Variante 1: Harvard Stil

Beispiele

Klein, Josef (1996): Exemplum. In: Ueding, Gert (Hg.): Historisches Wörterbuch der Rhetorik. Bd. 3. Tübingen: Niemeyer, S. 60–70.

Variante 2: Traditioneller Stil

Neuhaus, Stefan: Deutschland. In: Gabriele Rippl/Simone Winko (Hg.): Handbuch Kanon und Wertung. Theorien, Instanzen, Geschichte. Stuttgart/Weimar: Metzler 2013, S. 271–280.

5.4.4.3 | Aufsätze in einer Fachzeitschrift

Für die ›in‹-Angaben bei Zeitschriftenaufsätzen wird im unten dargestellten Grundformat eine ›schlanke‹ Version vorgeschlagen, in der auf Zusätze wie ›Jg.‹ (für Jahrgang), ›Bd.‹ (für Band) ›H.‹ (für Heft) und ›Nr.‹ (für Nummer) verzichtet wird. Sind Band- oder Jahrgangsnummer einer Zeitschrift zusätzlich zur Heftnummer vorhanden, werden diese Angaben der Heftnummer vorangestellt und durch Schrägstrich abgetrennt.

Grundformat
›in‹ einer
Fachzeitschrift

Variante 1: Harvard Stil

Name, Vorname (Jahr):
Titel des Aufsatzes.
›In:‹
Titel der Zeitschrift
ggf. Jahrgangsnummer oder Bandnummer/Nummer des Heftes,
›S.‹ Seitenangabe von–bis.

Variante 2: Traditioneller Stil

Name, Vorname:
Titel des Aufsatzes.
›In:‹
Titel der Zeitschrift
ggf. Jahrgangsnummer oder Bandnummer/Nummer des Heftes,
Jahr,
›S.‹ Seitenangabe von–bis.

Beispiele

Variante 1

Grohmann, Miriam/ Kamil Abdulsalam, Layla/Wyss, Eva L. (2015): Selfie-Proteste – eine emergente Praktik des Protests im Web 2.0. In: Aptum – Zeitschrift für Sprachkritik und Sprachkultur 11/1, S. 21–47.
Steen, Pamela (2015): Literaturlinguistik. Was kann sie? Was will sie? In: Muttersprache 4, S. 310–328.

Variante 2

Decock, Sofie/Schaffers, Uta: Die Suche nach bergenden Räumen als Reise- und Schreibprogramm. Annemarie Schwarzenbachs journalistische Afrika-Texte. In: Orbis Litterarum 67/1, 2012, S. 1–24.
Schmiedt, Helmut: Das extreme Ich. Schillers Gedicht ›Die Kindsmörderin‹. In: Der Deutschunterricht 6, 2004, S. 8–22.

5.4.4.4 | Rezensionen

Bei Rezensionen, die in Fachpublikationen zu Fachpublikationen erschienen sind, wird ›Rezension zu‹ vorangestellt und die genaue bibliographische Angabe zum rezensierten Titel hinzugefügt. Dann folgt die ›in-Angabe‹ nach den üblichen Konventionen. Auch hier kann wieder, je nach Stil, die Jahreszahl nach den Autorenamen oder am Ende der Angabe genannt werden.

Rezension eines Fachtextes   Beispiele

Diekmannshenke, Hajo (2002): Rezension zu: Hans-Rainer Beck: Politische Rede als Interaktionsgefüge: Der Fall Hitler. Tübingen 2001. In: Muttersprache 112, S. 76–77.

Januschek, Franz (2007): Rezension zu: Eva Neuland (Hg.): Variation im heutigen Deutsch: Perspektiven für den Sprachunterricht. Frankfurt/M. u. a. 2006. In: Cölfen, Hermann/Schmitz, Ulrich (Hg.): Hypermedia? Nutzen und Perspektiven. Osnabrücker Beiträge zur Sprachtheorie (OBST) 72, S. 183–193.

Bei Rezensionen zu literarischen Werken oder Theateraufführungen u. Ä. in der Presse werden Autor/in und Titel der Rezension angeführt und das Werk, das rezensiert wurde, in Klammern am Ende der Angabe aufgeführt.

Rezension eines Werkes in der Presse   Beispiel

Burckhardt, Werner G.: Greller Slapstick gegen die Trauer. In: Süddeutsche Zeitung vom 2.2.1982, S. 21 (Rezension zu Botho Strauß: Kalldewey. Farce. München/Wien 1981).

5.4.5 | Gängige Abkürzungen beim Belegen von Quellen

In den bibliographischen Angaben im Quellen- und Literaturverzeichnis und bei den Belegen im Text können Abkürzungen verwendet werden, um Schreibarbeit zu sparen und die Angaben übersichtlich zu halten.

Aber auch für die Recherche ist es wichtig, zu wissen, was die jeweiligen Abkürzungen in Bezug auf ein Werk bedeuten. Die nachfolgende Liste zeigt ausgewählte, häufig verwendete Abkürzungen (vgl. Höge 2006, S. 140; Standop/Meyer 2008, S. 255 ff.).

Abkürzung	Bedeutung
a.a.O.	am angegebenen Ort
Abb.	Abbildung
Abs.	Absatz
Anm.	Anmerkung

Abkürzung	Bedeutung
app.	appendix = Anhang
Aufl.	Auflage
Ausg.	Ausgabe
Bd. / Bde.	Band / Bände
Bearb.	Bearbeiter
bearb.	bearbeitet
Begr.	Begründer
begr.	begründet
Beih.	Beiheft
Beil.	Beilage
Bl.	Blatt
Ders.	derselbe Autor
Dies.	dieselbe Autorin, dieselben Autor/innen
Dipl.-Arb.	Diplomarbeit
Diss.	Dissertation
durchges.	durchgesehen
EA	Erstausgabe
ebd.	ebenda
ed.	herausgegeben (to edit) / Herausgeber (editor) / Ausgabe (editio)
eingel.	eingeleitet
Einl.	Einleitung
erl.	erläutert
Erl.	Erläuterung
ersch.	erschienen
et al.	et alii (= und andere, bei mehreren Autor/innen)
EV	Erstveröffentlichung
erw.	erweitert
f.	folgende (bezieht sich auf Seitenangabe)
ff.	fortfolgende (Seiten oder Jahre)
Fig.	Figur
Fn.	Fußnote
gedr.	gedruckt
H.	Heft
Habil.-Schrift	Habilitationsschrift
Hervorh. d. Verf.	Hervorhebungen im zitierten Text durch den/die Verfasser/in hinzugefügt
Hervorh. i. Orig.	Hervorhebungen sind so wie zitiert im Original zu finden
Hg. / Hgg.	Herausgeber (Singular und Plural) / Herausgeber (Plural)

Abkürzung	Bedeutung
Hrsg.	Herausgeber (Singular und Plural)
hg. v. / hrsg. v.	herausgegeben von
Hinzufüg.	Hinzufügung(en)
ibid. / ib.	ibidem (= ebenda)
ill.	illustriert
Ill.	Illustrator
J.	Journal
Jg.	Jahrgang
Kap.	Kapitel
korr.	korrigiert
m.	mit
Mitarb.	Mitarbeiter/in oder Mitarbeit
Mitw.	Mitwirkung
Ms. / unv. Ms.	Manuskript / unveröffentlichtes Manuskript
Mschr.	Monatsschrift
Nachdr.	Nachdruck
Nachw.	Nachwort
Nr.	Nummer
o. J. / o. O. / o. V.	ohne Jahr / Ort / Verfasser
op. cit	opere/opus citato (= von dem zitierten/das zitierte Werk)
Red.	Redaktion
Reg.	Register
repr.	reprint (= Nachdruck)
rez.	rezensiert
Rez.	Rezension
s.	siehe
S.	Seite
[sic!]	›so‹ (bei Fehlern im Original)
Sp.	Spalte
Str.	Strophe
Suppl.	Beiheft, zusätzlicher Band, Ergänzung (= Supplement)
Tab.	Tabelle
u.	und
u. a.	und andere (bei mehreren Autor/innen oder Verlagsorten)
Übers.	Übersetzer/in
übers.	übersetzt
unv.	unverändert

Abkürzung	Bedeutung
v.	von
verb.	verbessert
Verf.	Verfasser/in
verf.	verfasst
Verl.	Verlag
Verz.	Verzeichnis
vgl.	vergleiche
Vol.	volumen/volumina = Band/Bände
vollst.	vollständig
Vorw.	Vorwort
Wb.	Wörterbuch
Wschr.	Wochenschrift
Z	Zeile
Zs. / Ztschr.	Zeitschrift
Zit.	Zitat
zit. n.	zitiert nach
Ztg.	Zeitung
zugl.	zugleich

5.5 | Spezifische Fälle des Zitierens und Belegens

Bei spezielleren Arten von Quellen wird das Belegen komplexer, die Regeln und Konventionen sind weniger eindeutig und insbesondere bei Internetquellen kommen ständig Veränderungen und Neuerungen hinzu. Man muss in solchen Fällen z. T. selbst über sinnvolle Möglichkeiten des Belegens nachdenken. Die im Folgenden vorgeschlagenen Lösungen beziehen insbesondere die sehr systematischen Vorschläge von Krämer (2008) und der Schreibberatung der Universität Mannheim/Abteilung VWL (2015) sowie Informationen zu den Grundlagen des elektronischen Zitieren und Belegens bei Ruhnkehl/Siever (2001) mit ein.

5.5.1 | Allerlei aus dem Internet

Online werden Texte und andere Quellen mittlerweile in sehr unterschiedlicher Form über das Netz allgemein zugänglich gemacht. Wie zuvor erwähnt, können Internet-Quellen als fachwissenschaftliche Belege herangezogen werden, wenn die Fachlichkeit des Autors und des Textes gesichert sind und es sich um eine reguläre Veröffentlichung (z. B. in einem Online-Fachverlag) handelt.

Deshalb sind Seminarunterlagen, Folien, Power-Point-Präsentationen (auch von Fachleuten!), die Sie irgendwo im Internet finden und auch ›wissenschaftlich‹ erscheinende Seiten ohne Angabe eines Autors oder einer herausgebenden Institution nicht als zitierfähige Quellen zu betrachten.

Grauer Bereich: Daneben gibt es aber den ›grauen‹ Bereich, also im Netz zugängliche Veröffentlichungen, die fachlichen Autor/innen oder Institutionen (z. B. Universitäten, Instituten, Forschungsprojekten) als Urheber zuordenbar sind, die Titel und Erscheinungsdatum aufweisen und den üblichen Konventionen für wissenschaftliche Textgestaltung entsprechen. Hier gilt es zu prüfen, ob eine einzelne Person ihren Text ›einfach so‹ ins Netz gestellt hat oder ob es sich um ein Arbeitspapier, einen Projektbericht u. Ä. handelt, das/der institutionell einem konkreten Forschungsprojekt, einem konkreten Fachbereich, einer Abteilung oder einem Lehrstuhl zuordenbar ist. Bei der Einschätzung, ob eine solche Quelle zitierfähig ist, ist hier auch die eigene Urteilskraft gefragt.

Internet-Primärquellen: Als Analysematerial (Primärquelle) kann dagegen vielfältiges Internet-Material herangezogen werden und muss dann auch belegt werden. Im Folgenden wird deshalb auch in knapper Form auf das Belegen von Blog-Einträgen und Online-Videos eingegangen.

Zitieren und Belegen von Internet-Quellen   Grundregeln

- An den für Druckmedien geltenden Konventionen orientieren!
- Immer die URL, URN, PURL oder DOI (Erklärung s. unten) angeben!
- Falls vorhanden: Das Erstellungsdatum und/oder das letzte Änderungsdatum des Dokuments/der Seite hinzufügen!
- Das Datum des Abrufes angeben, sofern es sich nicht um einen permanenten Link handelt!
- Auch bei Internet-Quellen soll durch den Beleg grundsätzlich die Grundfrage ›beantwortet‹ werden: Wer hat was wann und wo veröffentlicht?

Trennung der Internetadresse: Ein häufig diskutiertes Grundproblem stellt die Trennung von Internetadressen dar, da diese oft sehr lang sind und mehr als eine Zeile umfassen. Im Prinzip sollte eine Adresse nämlich gar nicht getrennt werden, da in ihr keine Leerzeichen enthalten sind. Die hier angeführte Empfehlung beschränkt sich angesichts uneinheitlicher, verschiedenartiger Vorschläge auf drei leicht praktikable Prinzipien:

- Adressen dürfen nicht durch zusätzliche Bindestriche getrennt werden, denn dies ist missverständlich: Bindestriche sind zulässige Bestandteile von URL/URN/DOI/PURL.
- Trennungen sollten möglichst nur nach Schrägstrichen und durch Zeilenumbruch – ohne Hinzufügung von Zeichen – erfolgen.
- Wenn möglich, sollte Trennung vermieden werden.

Eine neuere Entwicklung im Bereich digitaler Veröffentlichungen sind die sogenannten ›Persistent Identifier‹, mittels derer eine eindeutiger Beleg medialer Inhalte ermöglicht werden soll.

> **Persistent Identifier – Permanente Links** sind dauerhaften Links. Sie werden elektronischen Veröffentlichungen fest zugewiesen. Solche permanenten Links sind z. B. ein DOI (Digital Object Identifier) oder ein URN (Uniform Resource Name) oder ein PURL (Persistent Uniform Resource Locator). Im Unterschied zur URL (die sich verändern kann, wenn eine Seite ihren elektronischen ›Standort‹ wechselt) ist bei den permanenten Links die Lokalisation konstant gegeben.

Im Folgenden werden ausgewählte Arten von Internet-Quellen behandelt, die v. a. für geisteswissenschaftliche Arbeiten relevant sein können. Eine vollständige Behandlung aller Arten von Quellen ist nicht angestrebt und angesichts der Vielzahl der Möglichkeiten auch schwer erreichbar.

Für unterschiedliche Arten von Internet-Quellen haben sich zudem noch kaum einheitliche Konventionen des Zitierens und Belegens herausgebildet. Fragen Sie auch hier bei Ihrem Dozenten/Ihrer Dozentin nach, ob er/sie bestimmte Vorgaben macht.

5.5.1.1 | Aufsätze: Veröffentlichung in Online-Fachzeitschriften

Bei Veröffentlichungen in regulären Online-Fachzeitschriften können alle Angaben sowohl beim Belegen innerhalb des Textes als auch beim Belegen im Literatur- bzw. Quellenverzeichnis weitgehend nach dem Muster für Print-Angaben gemacht werden.

Belegen im Literaturverzeichnis

Beim Belegen von Aufsätzen aus elektronischen Fachzeitschriften sollte, wie bei Druckmedien, der Zeitschriften-Name mit angegeben werden. Zuerst genannt wird jedoch stets der/die Autor/in und der Titel des Aufsatzes. Falls keine Seitenzählung vorliegt, entfällt diese.

Die Jahreszahl kann, je nach gewählter Variante, nach den Autor/innen-Namen (Harvard-Stil) oder am Ende der Angabe (traditioneller Stil) stehen.

Zusätzlich zur ›normalen‹ Angabe werden an das Ende der Angabe die URL und – in Klammern – das Zugriffsdatum gesetzt.

Artikel aus Online-Fachzeitschriften

Kotthoff, Helga (2013): Lehrer(innen) und Eltern in Sprechstunden an Grund- und Förderschulen – Zur interaktionalen Soziolinguistik eines institutionellen Gesprächstyps. In: Gesprächsforschung – Online-Zeitschrift zur verbalen Interaktion 13, S. 290–321.
www.gespraechsforschung-ozs.de/fileadmin/dateien/heft2012/ga-kotthoff.pdf (10.6.2017).

Schulze, Florian (2013): *Noch so 'ne Phrase, Faust auf die Nase!* Eine phraseologische Untersuchung des Nerv-Sprech. In: Linguistik online,

60/3. https://bop.unibe.ch/linguistik-online/article/view/1206/1992 (3.6.2017).

Belegen im Text

Wird ein Aufsatz aus einer Online-Zeitschrift im Text belegt, werden – wie gewohnt – Klammer- oder Fußnotenbelege mit den üblichen Angaben gemacht. Die Information, dass es sich um einen Beitrag aus einer Online-Zeitschrift handelt, wird erst in der bibliographischen Angabe im Literaturverzeichnis gemacht.

5.5.1.2 | Monographien: Veröffentlichungen in Online-Fachverlagen

Auch bei Online-Veröffentlichungen, die in einem Online-Verlag erscheinen, können alle Angaben sowohl beim Belegen innerhalb des Textes als auch beim Belegen im Literatur- bzw. Quellenverzeichnis wie gewohnt gemacht werden.

Belegen im Literatur- bzw. Quellenverzeichnis

Auch hier werden ans Ende der Angabe zusätzlich die URL und in Klammern das Zugriffsdatum gesetzt.

Monographien online   Beispiel

Birkner, Karin/Ehmer, Oliver (Hg.) (2013): Veranschaulichungsverfahren im Gespräch. Mannheim: Verlag für Gesprächsforschung. www.verlag-gespraechsforschung.de/2013/pdf/veranschaulichungsverfahren.pdf (3.6.2017).

Monographien: Neuauflagen online

Werden ältere, z. T. auch vergriffene Auflagen in elektronischer Form wieder aufgelegt, sollte im Literaturverzeichnis deutlich gemacht werden, wann und wo die erste Auflage in Druckform erschienen ist.

Neuauflage Online   Beispiel

Hausendorf, Heiko/Quasthoff, Uta M. (2005): Sprachentwicklung und Interaktion. Eine linguistische Studie zum Erwerb von Diskursfähigkeit. Radolfzell: Verlag für Gesprächsforschung. http://www.verlag-gespraechsforschung.de/2005/quasthoff.htm (12.6.2017). (Elektronische Neuauflage der Ausgabe von 1996, Opladen: Westdeutscher Verlag).

5.5.1.3 | pdf-Datei eines Fachtextes

Immer häufiger finden sich vor allem Aufsätze auch als pdf-Datei im Netz, Autor/innen stellen häufig selbst ältere oder vergriffene Texte oder nachträgliche Einzeldrucke (Offprint) zur Verfügung. Sofern ein Text sowohl als gedruckte Veröffentlichung als auch als Internetdokument (pdf) vorliegt und sichergestellt ist, dass die Angaben mit der veröffentlichten Druckversion übereinstimmen, kann der Text wie gewohnt als Zeitschriftenaufsatz, Monographie, Sammelband etc. zitiert werden. Es werden die Angaben der Druckversion gemacht. Es sollten jedoch wieder zusätzlich die URL und das Zugriffsdatum angegeben werden.

| Beispiel | Beißwenger, Michael/Storrer, Angelika (2005): Chat-Szenarien für Beruf, Bildung und Medien. In: Dies. (Hg.): Chat-Kommunikation in Beruf, Bildung und Medien: Konzepte – Werkzeuge –Anwendungsfelder. Stuttgart: ibidem, S. 9–25. http://www.michael-beisswenger.de/pub/chat-szenarien.pdf (25.6.2017). |

Immer häufiger werden auch sogenannte Pre-Prints eingestellt. Hier kann man jedoch nicht immer sicher sein, dass die pdf-Datei identisch mit dem später veröffentlichten Artikel ist. Es muss in der Angabe durch einen expliziten Hinweis deutlich gemacht werden, dass man den Pre-Print und nicht die wirklich veröffentlichte Fassung vorliegen hat.

5.5.1.4 | Artikel in nicht-fachlichen Online-Zeitschriften

Die Angaben zu Online-Zeitschriften werden vom Prinzip her ähnlich wie bei gedruckten Zeitungen/Zeitschriften gemacht (s. Kapitel 5.5.2.1).

| Grundformat | **Artikel aus Online-Zeitungen**

Autoren-Nachname, Vorname (Jahr):
Titel. Untertitel.
›In:‹
Titel der Zeitung, ggf. Angaben zu Ressort/Rubrik.
Datum, ggf. Uhrzeit.
URL (Zugriffsdatum). |

Je nach gewähltem Belegstil wird das Veröffentlichungsjahr expliziert durch die Angabe der Jahreszahl nach dem/den Verfassernamen (Harvard-Stil) oder nur durch die Datumsangaben zum belegten Artikel deutlich (traditioneller Stil).

Artikel aus einer Online-Zeitschrift

Beispiel

Kontic, Dobrila (2017): Ein Horizont, so weit die Daten reichen. In: Spiegel Online, Ressort Kultur. 19.6.2017, 11.08 Uhr. http://www.spiegel.de/kultur/gesellschaft/algorithmen-empfehlen-kunst-ein-horizont-soweit-die-daten-reichen-a-1152288.html (19.6.2017).

5.5.1.5 | Seiten von Institutionen

Statt des Autors wird die verantwortliche Institution vorangestellt und alphabetisch einsortiert.

Seiten von Institutionen

Beispiele

Bundesministerium des Inneren (o. J.): Zuwanderung hat Geschichte. Zeitstrahl. http://www.zuwanderung.de/ZUW/DE/Zuwanderung_hat_Geschichte_Zeitstrahl/Zeitstrahl_node.html (19.8.2011).
Statistisches Bundesamt (o. J.): Personal für Forschung und Entwicklung nach Sektoren 2005–2015. Tabelle. https://www.destatis.de/DE/ZahlenFakten/GesellschaftStaat/BildungForschungKultur/ForschungEntwicklung/Tabellen/PersonalForschungEntwicklung.html (19.6.2017)
ZDF (2015): Markus Lanz. Moderator und Autor. https://www.zdf.de/gesellschaft/markus-lanz/markus-lanz-moderator-und-autor-100.html (18.6.2017).

5.5.1.6 | Blog-Postings und Kommentare

Bei einem Blog-Posting sollte, wann immer möglich, der tatsächliche Name des Urhebers eines Beitrages angegeben werden. Ist dieser nicht zu ermitteln, wird der User-/Benutzername angegeben.

Das im Folgenden angeführte Grundformat für einen Blog-Eintrag orientiert sich am Vorschlag der Schreibberatung der Universität Mannheim (2015, S. 21). Allerdings erfolgt hier eine bewusste Annäherung an das Print-Format durch die ›in‹-Angabe.

Blog-Posting

Grundformat

Name des Autors/Urhebers (alternativ Benutzername) (Jahr):
Titel des Beitrags.
Kennzeichnung ›Blog-Posting vom‹ Datum.
›In:‹
Blogautor/-urheber: Blogname,
ggf. zusätzliche Angaben zum Blog.
URL (Zugriffsdatum).

Wie das folgende Beispiel zeigt, kann beim Belegen im Harvard-Stil die Jahreszahl wie gewohnt hinter den Namen gestellt werden. Beim Belegen im traditionellen Stil kann dies entfallen, das genaue Datum des Postings folgt ja auch noch in der Angabe.

Beispiele   **Blog-Posting**

Lobin, Henning (2017): Sprache, Logik und ein Mord. Blog-Posting vom 9.6.2017. In: Ders.: Die Engelbart-Galaxis. Digitale Welten jenseits der Schriftkultur. https://scilogs.spektrum.de/engelbart-galaxis/sprache-logik-und-ein-mord/ (18.6.2017).

Schönenborn, Jörg (2017): Schleswig-Holstein: Und schon wieder eine Überraschung... Blog-Posting vom 7.5.2017. In: ARD: Blog. tagesschau.de. http://blog.tagesschau.de/2017/05/07/schleswig-holstein-und-schon-wieder-eine-ueberraschung/ (19.6.2017).

Kommentare zu Blog-Postings können mit der genauen Angabe des Posts als ›in‹-Angabe belegt werden. Liegt nur der Username vor, wird dieser als Autor/innen-Name verwendet. Als Titel kann der Textanfang des Kommentars verwendet werden.

Beispiel   **Kommentare**

Berti (2017): Seltsam wie die Institute derzeit ständig daneben liegen. Kommentar Nr. 1 zu Jörg Schönenborn: Schleswig-Holstein: Und schon wieder eine Überraschung... Blogposting vom 7.5.2017. In: ARD: Blog.tagesschau.de. http://blog.tagesschau.de/2017/05/07/schleswig-holstein-und-schon-wieder-eine-ueberraschung/ (19.6.2017).

5.5.1.7 | Online-Videos

Auch Online-Videos, vor allem von der YouTube-Plattform, sind häufig Gegenstand von Analysen. Im Folgenden deshalb ein Vorschlag für die Quellenangabe.

Grundformat   **Online-Videos**

Name des Autors/Urhebers (alternativ Benutzername):
Titel des Clips.
ggf. Spezifizierung der Textsorte/Art des Beitrags.
Einstell-Datum des Videos,
URL (Zugriffsdatum).

Die Angabe der Jahreszahl kann für ein Quellenverzeichnis im traditionellen Stil auch weggelassen werden, da sie als Aufschaltungsdatum ebenfalls erscheint.

Online-Videos   Beispiel

Heinicke, Bianca (2017): Ich »drucke« mit 3D Stift einen FIDGET
   SPINNER. BibisBeautyPalace. YouTube-Video, 11.6.2017. https://
   www.youtube.com/watch?v=xQz96Au8YZQ (13.6.2017).
Nivea Deutschland (2017): Danke Papa. TV-Werbespot. YouTube-Video,
   15.5.2014. https://www.youtube.com/watch?v=AUppz3IaKN8
   (18.6.2017).
Teclebrhan, Teddy (2017): Teddy zahlt gar nichts! TeddyComedy.
   YouTube-Video, 20.4.2017. https://www.youtube.com/watch?v=
   yQtGNYqK1eQTeddy (15.6.2017).

Kommentare zu Online-Videos können analog zu den Blog-Kommentaren belegt werden (s. Kapitel 5.5.1.6).

5.5.2 | Printmedien

Werden Artikel oder andere Elemente aus Zeitschriften und Zeitungen verwendet, so werden stets die Erscheinungsnummer oder Heftnummer sowie das Erscheinungsdatum der Zeitschrift/Zeitung belegt.

5.5.2.1 | Zeitungs- und Zeitschriftenartikel

Bei nicht-fachlichen Zeitungs- und Zeitschriftenartikeln wird ähnlich wie bei Fachzeitschriften verfahren.

Zeitungs- und Zeitschriftenartikel   Grundformat

Autor-Nachname, Vorname (Jahr):
Titel. ggf. Untertitel.
›In:‹
Name der Zeitung/Zeitschrift
›Nr.‹ Zahlenangabe ›vom‹ Datumsangabe, Seitenangabe.

In nicht-fachlichen Zeitungen/Zeitschriften gibt es zwar namentlich gekennzeichnete Beiträge, aber auch viele Artikel ohne Angabe des/der Verfasser/in. Fehlt diese Angabe, so ist zu empfehlen, den Namen der Zeitung/Zeitschrift stattdessen voranzustellen (denn diese ist auch verantwortlich für den Inhalt). Da viele Pressetexte ohne explizit genannten Autor erscheinen, ist dieses Verfahren sinnvoller als solche Artikel durchgängig mit ›o. V.‹ (ohne Verfasser) einzuleiten.

Für die beiden oben beschriebenen Fälle wird im Folgenden je ein Beispiel gezeigt.

Beispiel **Zeitungs- und Zeitschriftenartikel**

Tenorth, Heinz-Elmar (2017): Die Vergötterung. Wilhelm von Humboldt wird seit je missverstanden. Kritische Bilanz eines Mythos. In: DIE ZEIT Nr. 26 vom 22. Juni 2017, S. 68.

Rheinzeitung (2017): Verein sagt »Denglisch« den Kampf an. Deutsche Werbung ganz ohne Anglizismen gesucht. In: Rheinzeitung Nr. 139 vom 19. Juni 2017, S. 18.

5.5.2.2 | Werbeanzeigen

Bei gedruckten Werbeanzeigen, die als Analysematerial dienen, kann in aller Regel als Urheber die werbende Firma/Institution angegeben und vorangestellt werden. Als Titel kann der Werbeslogan bzw. die Hauptzeile der Anzeige angeführt werden.

Beispiel **Werbeanzeigen**

Renault (2014): Renault Clio und Clio Grandtour: Dynamik im Doppelpack. Werbeanzeige. In: Rheinzeitung Nr. 177 vom 2.8.2014, S. 23.

Ketterer Kunst (2006): Wir feiern in diesem Frühjahr unser 300. Auktion Klassiker des XX. Jahrhunderts. Werbeanzeige. In: art. Das Kunstmagazin Nr. 2 vom Februar 2006, S. 107.

5.5.3 | Audio-visuelles Material: Film- und Tonaufnahmen

Auch Filme, DVDs, Radio- und Fernsehproduktionen, Videokasetten und Platten werden – so weit als möglich – ähnlich wie Bücher zitiert.

Zuerst, so wird oft empfohlen, sollte der ›Urheber‹ des Werkes (i. S. von Regisseur/in, Sänger/in, Schriftsteller/in etc.) genannt werden. Entsprechend wird auch bei den Belegen im Text (in Klammern oder Fußnoten) entweder auf den/die ›Urheber‹ oder den Titel des Werkes Bezug genommen.

Man muss allerdings im Grunde selbst bestimmen, wen man als den ›Urheber‹ eines Werkes ansieht, diese Entscheidung fällt jedoch oft nicht leicht, wie Krämer treffend formuliert: »Bei Filmen streiten mindestens zwei Personen um diese Ehre, der Drehbuchautor und der Regisseur, und bei Musikstücken sogar noch mehr: der Komponist, der Sänger, das Orchester, der Texter und der Dirigent« (2009, S. 163).

Für Arbeiten in der Musikwissenschaft sowie den Film- und Medienwissenschaften sind detaillierte Belege gefordert. Mit entsprechend spezifischen Anforderungen sollten Sie sich ggf. an Ihrer Hochschule vertraut machen.

5.5.3.1 | Filme

Filme werden häufig nach dem Regisseur/der Regisseurin in das Quellenverzeichnis eingeordnet. Bei Filmen, bei denen die DVD- oder Blu-ray-
Aufnahme belegt wird, sollte in eckigen Klammern das Produktionsland
und Original-Erscheinungsjahr angegeben werden, damit eine zeitlich
korrekte Einordnung möglich ist.

Wird nur allgemein auf einen Film Bezug genommen, genügt die Angabe wie im ersten Beispiel unten.

Variante 1: Harvard-Stil

Beispiel

Ade, Maren (2016): Toni Erdmann. Film. Deutschland.
Chaplin, Charlie (2010): Moderne Zeiten. Film. DVD: STUDIOCANAL
[USA 1936].

Variante 2: Traditioneller Stil

Huntgeburth, Hermine: Neue Vahr Süd. Film. DVD: Studio Hamburg
Enterprises 2010 [Deutschland 2010].
Yated, David: Fantastische Tierwesen und wo sie zu finden sind. Film.
DVD: Warner Home Video 2017 [GB/USA 2016].

Detaillierte bibliographische Angabe für Filme

Zur Vertiefung

Solche genauen Angaben sollten z. B. nach Hafner/Ochsner (2011, S. 5)
folgende Informationen enthalten:

Titel: Untertitel (evtl. Originaltitel).
Regie: Vorname Nachname.
Drehbuch: Vorname Nachname.
Ort der Produktion: Produktionsfirma, Jahr.
Fassung: VHS-Kaufvideo oder DVD/Blu-ray oder Mitschnitt.
Produktionsfirma oder Sender, von dem mitgeschnitten wurde,
Jahr oder Datum der Ausstrahlung,
Dauer in Minuten.

Beispiele aus Hafner/Ochsner (2011, S. 5)

Fight Club. Regie: David Fincher. Drehbuch: Jim Uhls. USA/Deutsch-
land: Art Linson Productions/Fox 2000. Pictures/Regency Enterpri-
ses/Taurus Film, 1999. Fassung: ORF, 19.10.2002, 130'.
Freaks: Missgestaltete (Originaltitel: Freaks). Regie: Tod Browning.
Drehbuch: Willis Goldbeck und Leon Gordon. USA: Metro-Goldwyn-
Meyer, 1932. Fassung: DVD. Turner Entertainment Company and
Warner Bros. Entertainment Inc., 2004, 60'.

5.5.3.2 | TV-Sendungen

Bei TV-Sendungen kann es sich um Dokumentationen, Filme, Talkshows, aber auch TV-Werbespots oder Trailer u. a. handeln. Auch hier muss man im Einzelfall häufig selbst überlegen, wie eine sinnvolle Angabe aussehen kann, die den allgemeinen Belegkriterien genügt.

Bei TV-Sendungen sollten in jedem Fall Sender, Sendedatum und Sendezeiten (von ... bis) angegeben werden. Aber auch ein Urheber sollte möglichst ermittelt und angeben werden. Bei einer TV-Sendung kommt hier z. B. der Sender selbst in Frage und bei TV-Werbe-Spots die Firma, die den TV-Spot in Auftrag gegeben hat. In vielen Fällen (wie z. B. bei Filmen und Dokumentationen) kann wie bei Filmen der Regisseur vorangestellt werden (s. Kapitel 5.5.3.1).

Bei Filmen sollten Herstellungsland und ggf., falls vom Ausstrahlungsjahr abweichend, das Erst-Erscheinungsjahr des Originals in eckigen Klammern hinzugefügt werden (Beispiele s. unten).

Falls man die TV-Sendung (wie z. B. Werbespots) zu Analysezwecken aufgezeichnet hat, sollte man auch angeben, in welcher ›Fassung‹ (s. dazu Kapitel 5.5.3.1) die Aufzeichnung vorliegt.

Falls auf die TV-Sendung in einem Archiv (›Mediathek‹) eines Senders zugegriffen wurde, sollte die Internet-Adresse und das Zugriffsdatum angeben werden.

Auch hier kann im Harvard-Stil die Jahreszahl nach dem Urhebernamen angeführt werden, beim traditionellen Stil unterbleibt dies.

Grundformat **TV-Sendungen**

Urheber: Titel der Sendung (Jahr).
Art der Sendung.
Sender, Sendedatum, Dauer.
ggf. Fassung.
ggf. Angabe des Internet-Archivs

Beispiel **TV-Sendungen**

ARD (2017): Maischberger. Spaltet Religion die Welt? Talkshow.
ARD, 14.6.2017, 22.45–23.59 Uhr. http://mediathek.daserste.de/
sendungVerpasst?datum = 14.6.2017 (19.6.2017).
Bergère, Sylvain/Rancourt, Sébastien (2017): Die großen Mythen –
Schatten und Licht: Apollon. Dokumentation. ARTE, 17.6.2017,
18.00–18.25 Uhr [Frankreich 2014]. Fassung: Mitschnitt DVD-
Rekorder.
Wright, Joe (2016): Stolz und Vorurteil. Film. ARD, 25.12.2016,
22.10–00.15 Uhr [GB 2005].
Dior (2010): J'Adore. TV-Werbespot. ZDF, 5.3.2010, 21.35.00–
21.35.20 Uhr.

5.5.3.3 | Tonaufnahmen

Reine Tonaufnahmen finden sich z. B. in Form von CDs und Schallplatten und liegen als Radio-Sendungen vor. Wie bei Filmen ist bei Musikaufnahmen häufig die Frage, wen man als Urheber angeben soll (s. Kapitel 5.5.3). Im Folgenden werden anhand einiger Beispiele die Grundprinzipien der Angabe deutlich.

Je nach Belegstil kann die Jahreszahl nach dem/den Urheber-Namen platziert werden oder ans Ende der Angabe rücken. Bei den Kurzbelegen im Text (d. h. in der Fußnote oder Klammer) wird entsprechend derjenige Urheber genannt, der im Quellenverzeichnis an die erste Stelle der bibliographischen Angabe gesetzt wurde.

Grundsätzlich soll aber – wenn möglich – stets ein Urheber und ggf. seine Funktion im Kontexte des Gesamtwerkes vorangestellt werden. Weitere wesentliche Beteiligte können nach der Titelnennung und ggf. Werkbezeichnung angegeben werden.

Tonaufnahmen   *Beispiel*

Pink (2012): The Truth about Love. Audio-CD. Sony-Music.

Kleiber, Carlos (Dirigent) (1975): Beethoven Sinfonie Nr. 5 c-moll op. 67.
 Mit den Wiener Philharmonikern. Schallplatte. Berlin: Deutsche
 Grammophon.
oder
Wiener Philharmoniker (1975): Beethoven Sinfonie Nr. 5 c-moll op. 67.
 Unter dem Dirigat von Carlos Kleiber. Schallplatte. Berlin: Deutsche
 Grammophon.

Düffel, John von (2017): Personenschaden. Hörspiel. Regie Christina
 Ohaus. WDR 3, 16.6.2017, 19.04–20.00 Uhr.
oder
Ohaus, Christina (Regie) (2017): Personenschaden. Ein Hörspiel von
 John von Düffel. WDR 3, 16.6.2017, 19.04–20.00 Uhr.

5.5.4 | Theater-Aufführungen und Konzerte

Um eine bestimmte Aufführung oder Produktion zu belegen, können auch hier – je nach eigener Entscheidung – der Regisseur, der Dirigent, das Orchester etc. als Urheber vorangestellt werden und ggf. seine Funktion spezifiziert werden. Zudem können andere Beteiligte mit in die Angabe aufgenommen werden.

Wie schon im vorangegangenen Kapitel erwähnt, wird bei den Kurzbelegen im Text (d. h. in der Fußnote oder Klammer) derjenige Urheber genannt, der im Quellenverzeichnis an die erste Stelle der bibliographischen Angabe gesetzt wurde. Im Quellenverzeichnis nennt man bei Angaben im Harvard-Stil das Jahr der Aufführung nach dem Urhebernamen; wählt man den traditionellen Stil der bibliographischen Angabe, erscheint die Jahreszahl erst am Ende bei der Nennung des konkreten Aufführungsdatums.

Dietze, Markus (Inszenierung) (2017): Der Rosenkavalier. Komödie für Musik von Richard Strauss und Hugo von Hofmannsthal. Musikalische Leitung Enrico Delamboye. Theater Koblenz, 21.1.2017.
Staatsorchester Rheinische Philharmonie (2017): Peter und der Wolf. Ein musikalisches Märchen von Serge Prokofieff. Musikalische Leitung Patrick Rohbeck, Sprecher Hossein Pishkar. Görreshaus Koblenz, 22.6.2017.
Teufel, Robert (Inszenierung) (2013): Dantons Tod. Schauspiel von Georg Büchner. Nationaltheater Mannheim, 17.7.2013.

6 Literatur

Ayaß, Ruth (2008): Kommunikation und Geschlecht. Eine Einführung. Stuttgart.

Bahr, Jonas/Frackmann, Malte (2011): Richtig zitieren nach der Harvard-Methode. Eine Arbeitshilfe für das Verfassen wissenschaftlicher Arbeiten. Solothurn: Institut für Praxisforschung. https://www.institut-praxisforschung.com/publikationen/studienhilfen/ (20.5.2017).

Bünting, Karl-Dieter/Bitterlich, Axel/Pospiech, Ulrike (1996): Schreiben im Studium. Ein Trainingsprogramm. Berlin: Cornelsen Scriptor.

Buzan, Tony (2014): Das kleine Mindmap-Buch: Die Denkhilfe, die ihr Leben verändert. 6. Aufl. München: Goldmann.

Buzan, Tony/Buzan Barry (2005): Das Mindmap-Buch. Die beste Methode zur Steigerung ihres geistigen Potenzials. 5., aktual. Aufl. Heidelberg: mvg.

Durscheid, Christa (2011): Parlando, Mündlichkeit und neue Medien. Anmerkungen aus linguistischer Sicht. In: Schweizerische Zeitschrift für Bildungswissenschaften 33/2, S. 175–188.

Eco, Umberto (1993): Wie man eine wissenschaftliche Abschlußarbeit schreibt. 6., durchges. Aufl. der deutschen Ausgabe. Heidelberg: C. F. Müller.

Ehrhard, Claus/Neuland, Eva (2009): Sprachliche Höflichkeit in interkultureller Kommunikation und im DaF-Unterricht. Zur Einführung. In: Ehrhard, Claus/Neuland, Eva (Hg.): Sprachliche Höflichkeit in interkultureller Kommunikation und im DaF-Unterricht. Frankfurt a. M. u. a.: Lang, S. 7–24.

Eisenberg, Peter (2006): Grundriss der deutschen Grammatik. Band 2: Der Satz. 3., durchges. Aufl. Stuttgart/Weimar: Metzler.

Elbow, Peter (1973): Writing without Teachers. New York: Oxford University Press.

Esselborn-Krumbiegel,Helga (1999): Kommunikative Strategien wissenschaftlicher Texte. In: Kruse, Otto/Jakobs, Eva-Maria/Ruhmann, Gabriela (Hg.) (1999): Schlüsselkompetenz Schreiben. Konzepte, Methoden, Projekte für Schreibberatung und Schreibdidaktik an der Hochschule. Neuwied/Kriftel: Luchterhand.

Feilke, Helmuth (2016): Literale Praktiken und literale Kompetenz. In: Habscheid, Stephan (Hg.): Handeln in Praxis. Hinter- und Untergründe situierter sprachlicher Bedeutungskonstitution. In: Deppermann, Arnulf/Feilke, Helmuth/Linke, Angelika (Hg.): Sprachliche und kommunikative Praktiken. Berlin/Boston: De Gruyter Mouton, S. 127–151.

Frank, Andrea/Haacke, Stefanie/Lahm, Swantje (2013): Schlüsselkompetenzen: Schreiben in Studium und Beruf. 2., aktual. u. erw. Aufl. Stuttgart/Weimar: Metzler.

Franke, Fabian/Kempe, Hannah/Klein, Anette/Rumpf, Louise/Schüller-Zwierlein, André (2014): Literatur recherchieren in Bibliotheken und Internet. 2., aktual. u. erw. Aufl. Stuttgart: Metzler.

Fischer, Simone (2015): Erfolgreiches wissenschaftliches Schreiben. Stuttgart: Kohlhammer.

Graefen, Gabriele (1997): Der wissenschaftliche Artikel – Textart und Textorganisation. Frankfurt a. M. u. a.: Lang (=Arbeiten zur Sprachanalyse 27).

Grundler, Elke/Vogt, Rüdiger (2009): Diskutieren und Debattieren: Argumentieren in der Schule. In: Becker-Mrotzek, Michael (Hg.): Mündliche Kommunikation und Gesprächsdidaktik. Baltmannsweiler: Schneider Hohengehren, S. 487–511 (=Deutschunterricht in Theorie und Praxis (DTP) Bd. 3, herausgegeben v. Winfried Ulrich).

Gülich, Elisabeth (2008): Alltägliches Erzählen und Alltägliches erzählen. In: Zeitschrift für Germanistische Linguistik 38, S. 403–426.

Hafez, Kai (2011): Erkenntnis und Objektivität: Wissenschaftstheoretische Grundlagen und die Rolle des Internets als wissenschaftliches Hilfsmittel. Vorlesung im Rahmen des Wissenschaftspropädeutikums der Universität Erfurt am 11. April 2011. https://www.uni-erfurt.de/fileadmin/user-docs/philfak/ kommunikationswissenschaft/files_publikationen/hafez/ Propädeutikum%20-%20VL%20Hafez.pdf (4.6.2017).

Hafner, Ralph/Ochsner, Beate (2011): Beispiele für bibliographische Kurzbelege in den Fußnoten und bibliographische Vollbelege im Literaturverzeichnis. http://www.erdmann_romanistik.uni-freiburg.de/ zitiertechnik-film-hafner-ochsner-2011.pdf (16.6.2017).

Heinemann, Margot: Textsorten des Bereichs Hochschule und Wissenschaft. In: Brinker, Klaus/Antos, Gerd/Heineman, Wolfgang (Hg.): Text- und Gesprächslinguistik. Teilbd. 1. Berlin/New York: De Gruyter, S. 702–709 (=Handbücher zur Sprach- und Kommunikationswissenschaft. Ein internationales Handbuch zeitgenössischer Forschung Bd. 16/1).

Höge, Holger (2006): Schriftliche Arbeiten in Studium und Beruf. 3., überarb. u. erw. Aufl. Stuttgart: Kohlhammer.

Hong, Jihee/Rouget, Timo (2014): Lesende und gläubige Roboter im Film. In: Liebert, Wolf-Andreas/Neuhaus, Stefan/Paulus, Dietrich/Schaffers, Uta (Hg.): Künstliche Menschen Transgressionen zwischen Körper, Kultur und Technik. Würzburg: Königshausen & Neumann, S. 173–188.

Ingendahl, Werner (1972): Aufsatzerziehung als Hilfe zur Emanzipation. Düsseldorf: Schwann.

Jablkowska, Joanna (1993): Literatur ohne Hoffnung. Die Krise der Utopie in der deutschen Gegenwartsliteratur. Wiesbaden: DUV

Klemm, Michael (1997): Empfehlungen zur Produktion wissenschaftlicher Texte, 3., übarb. u. erg. Aufl. TU Chemnitz-Zwickau. https://michaelklemm.files.wordpress.com/2011/02/ klemm_empfehlungen.pdf (16.6.2017)

Klemm, Michael (2011): Schreibberatung und Schreibtraining. In: Karlfried Knapp/Antos, Gerd/Becker-Mrotzek, Michael (Hg.): Angewandte Sprachwissenschaft. Ein Lehrbuch. 3., vollständig überarb. u. erg. Aufl. Tübingen: Francke, S. 120–145.

Kornmeier, Martin (2008): Wissenschaftlich schreiben leicht gemacht für Bachelor, Master und Dissertation. 7., aktual. u. erg. Aufl. Bern: Haupt.

Kotthoff, Helga (2002): Was heißt eigentlich »Doing gender«? Zu Interaktion und Geschlecht. In: Wiener Slawistischer Almanach. Sonderband 55, S. 1–27.

Krämer, Walter (2009): Wie schreibe ich eine Seminar- oder Examensarbeit? 3., überarb. u. aktual. Ausg. Frankfurt a. M./New York: Campus.

Kruse, Otto (1997): Keine Angst vor dem leeren Blatt. Ohne Schreibblockaden durchs Studium. 5. Aufl. Frankfurt a. M.: Campus.

Kruse, Otto (2007): Keine Angst vor dem leeren Blatt. Ohne Schreibbockaden durchs Studium. 12., völlig neu bearb. Aufl. Frankfurt a. M./New York: Campus.

Kruse, Otto/Ruhmann, Gabriela (1999): Aus Alt mach Neu: Vom Lesen zum Schreiben wissenschaftlicher Texte. In: Kruse, Otto/Jakobs, Eva-Maria/Ruhmann, Gabriele (Hg.): Schlüsselkompetenz schreiben. Konzepte, Methoden, Projekte für Schreibberatung und Schreibdidaktik an der Hochschule. Neuwied/Kriftel/Berlin: Luchterhand, S. 109–121.

Liebert, Wolf-Andreas (2016): Kulturbedeutung, Differenz, Katharsis. Kulturwissenschaftliches Forschen und Schreiben als zyklischer Prozess. In: Luth, Janine/Ptashnyk, Stefaniya/Vogel, Friedemann (Hg.): Linguistische Zugänge zu Konflikten in europäischen Sprachräumen. Korpus – Pragmatik – kontrovers. Heidelberg: Winter, S. 21–42 (=Schriften des Europäischen Zentrums für Sprachwissenschaften (EZS) 4).

Lüger, Heinz-Helmut (2001): Höflichkeit und Höflichkeitsstile. In: Lüger, Heinz-Helmut (Hg.): Höflichkeitsstile. Frankfurt a. M. u. a.: Lang, S. 3–24.

Meinen, Iris (2012): Das Motiv der Selbsttötung im Drama des 18. Jahrhunderts. Diss. Univ. Koblenz-Landau 2012. urn:nbn:de:hbz:kob7-7556.

Meinen, Iris (2016): Eine Ästhetik des Ekels. Körperflüssigkeiten und Popliteratur. In: Neuhaus, Stefan/Schaffers, Uta (Hg.): Was wir lesen sollen. Kanon und literarische Wertung am Beginn des 21. Jahrhunderts. Würzburg: Königshausen & Neumann, S. 113–124.

Moll, Melanie (2002): »Exzerpieren statt fotokopieren« – Das Exzerpt als zusammenfassende Verschriftlichung eines Wissenschaftlichen Textes. In: Redder, Angelika (Hg.): Effektiv Studieren. Texte und Diskurse an der Universität. Duisburg: Gilles & Francke, S. 104–127.

Neuhaus, Stefan (2014): Autonomie der Automaten? Anmerkungen zur Inszenierung künstlicher Menschen im Film. In: Liebert, Wolf-Andreas/Neuhaus, Stefan/Paulus, Dietrich/Schaffers, Uta (Hg.): Künstliche Menschen. Transgressionen zwischen Körper, Kultur und Technik. Würzburg: Königshausen & Neumann, S. 157–172.

Nier, Thomas (2011): Von der »Fremdwörterseuche« bis zur »Sprachpanscherei«. Populäre Fremdwortkritik gestern und heute. In: Arendt, Birte/Kiesendahl, Jana (Hg.): Sprachkritik in der Schule. Theoretische Grundlagen und ihre praktische Relevanz. Göttingen: V&R unipress, S. 91–104.

Nitsch, Jürgen R./Hoff, Heinz-Günther/Mickler, Werner/Moser, Thomas/Seiler, Roland/Teipel, Dieter (1994): Der rote Faden. Eine Einführung in die Technik wissenschaftlichen Arbeitens. Köln: bps.

Probst, Julia (2003). Ein Kompliment in Ehren ... Aspekte eines »höflichen« Sprechaktes in mehreren Sprachen. In: Baumgarten, Nicole/ Böttger, Claudia/ Motz, Markus/Probst, Julia (Hg.): Übersetzen, Interkulturelle Kommunikation, Spracherwerb und Sprachvermittlung – das Leben mit mehreren Sprachen. Festschrift für Juliane House zum 60. Geburtstag. Zeitschrift für Interkulturellen Fremdsprachenunterricht (online) 8, 2/3, S. 210–225. http://tujournals.ulb.tu-darmstadt.de/index.php/zif/article/viewFile/545/521 (16.5.2017).

Provost, Gary (1990): Make your words work. Proven Techniques for Effective Writing for Fiction and Nonfiction. Cincinnati: Writer's Digest.

Rettig, Heike (2012): Beispielkommunikation. Diss. Univ. Koblenz-Landau 2012. urn:nbn:de:hbz:Kob7-7569.

Rettig, Heike (2014): Zum Beispiel. Beispielverwendung in der verbalen Interaktion. Heidelberg: Winter (=OraLingua 6).

Rienecker, Lotte (1999): Research Questions and Academic Argumentation: Teaching students how to do it, using formats and model-examples. In: Kruse, Otto/Jakobs, Eva-Maria/Ruhmann, Gabrielen (Hg.): Schlüsselkompetenz schreiben. Konzepte, Methoden, Projekte für Schreibberatung und Schreibdidaktik an der Hochschule. Neuwied/Kriftel/Berlin: Luchterhand, S. 95–108.

Runkehl, Jens/Sievers, Torsten (2001): Das Zitat im Internet. Ein Electronic Style Guide zum Publizieren, Bibliographieren und Zitieren. 3., korr. Aufl. Hannover: Revonnah. http://www.ediensprache.net/archiv/pubs/ 3-927715-83-2_online-version.pdf (20.6.2017).

Sachweh, Svenja (2003): »so frau adams↓ guck mal↓ ein feines bac-spray↓ gut↑«. Charakteristische Merkmale der Kommunikation zwischen Pflegepersonal und BewohnerInnen in der Altenpflege. In: Fiehler, Reinhard/Thimm, Caja (Hg.). Sprache und Kommunikation im Alter. Radolfzell: Verlag für Gesprächsforschung, S. 143–160.

Sandig, Barbara (2000): Zu einer Gesprächs-Grammatik: Prototypische elliptische Strukturen und ihre Funktionen in mündlichem Erzählen. In: Zeitschrift für germanistische Linguistik 28, S. 291–318.

Schaffers, Uta (2003): Fremde – Literatur – Verstehen? Fragestellungen einer interkulturellen Hermeneutik. In: Jannidis, Fotis/Lauer, Gerhard/Martinez, Matias/Winko, Simone (Hg.): Regeln der Bedeutung. Berlin/New York: De Gruyter, S. 349–379.

Schreibberatung der Universität Mannheim/Abteilung VWL (2015): Zitieren in der VWL – Teil II. Wie zitiert man Datenbanken, E-Books, YouTube und Co.? http://prexl.vwl.uni-mannheim.de/fileadmin/user_upload/prexl/Leitfaden_Online-Quellen.pdf (17.6.2017).

Spieß, Constanze/Günthner, Susanne/Hüppner, Dagmar (2012): Perspektiven der Gender-Linguistik – eine Einführung in den Sammelband. In: Günthner, Susanne/Hüppner, Dagmar/Spieß, Constanze (Hg.): Genderlinguistik. Sprachliche Konstruktionen von Geschlechteridentität. Berlin: De Gruyter, S. 1–30 (=Linguistik – Impulse und Tendenzen 45).

Standop, Ewald/Meyer, Matthias (2008): Die Form der wissenschaftlichen Arbeit. Grundlagen. Technik und Praxis für Schule, Studium und Beruf. 18., bearb. u. erw. Aufl. Wiesbaden: Quelle & Meyer.

Stary, Joachim/Kretschmer, Horst (1994): Umgang mit wissenschaftlicher Literatur. Eine Arbeitshilfe für das sozial- und geisteswissenschaftliche Studium. Frankfurt a. M.: Cornelsen Scriptor.

Steinhoff, Torsten (2009a): Alltägliche Wissenschaftssprache und wissenschaftliche Textprozeduren. Ein Vorschlag zur kulturvergleichenden Untersuchung wissenschaftlicher Texte. In: Dalmas, Martine/Foschi Albert, Martina/Neuland, Eva (Hg.): Wissenschaftliche Textsorten im Germanistikstudium deutsch-italienisch-französisch kontrastiv. Trilaterales Forschungsprojekt in der Villa Vigoni (2007–2008). Villa Loveno di Meanaggio: Villa Vigoni, S. 97–108. http://www.aperandosini.eu/aperandosini/publikationen_files/v_vigoni_thuene.pdf (18.6.2017).

Steinhoff, Torsten (2009b): Intertextuelle Prozeduren. Aneignungsprobleme und Förder-möglichkeiten. Von der dialogischen Ordnung zu Makrostrukturen im argumentativen Text. In: Dalmas, Martine/Foschi Albert, Martina/Neuland, Eva (Hg.): Wissenschaftliche Textsorten im Germanistikstudium deutsch-italienisch-französisch kontrastiv. Trilaterales Forschungsprojekt in der Villa Vigoni (2007–2008). Villa Loveno di Meanaggio: Villa Vigoni, S. 167–178. http://www.aperandosini.eu/aperandosini/publikationen_files/v_vigoni_thuene.pdf (18.6.2017).

Topsch, Wilhelm (2006): Leitfaden Examensarbeit für das Lehramt: Bachelor- und Masterarbeiten im pädagogischen Bereich. 2., überarb. u. erw. Aufl. Weinheim: Beltz.

Universität Duisburg-Essen (o. J.): Was ist ein Plagiat? Website der Universität Duisburg-Essen. www.uni-due.de/plagiate/definition.shtml (17.3.2017).

Vogler, Ingo (2014): Die Ästhetisierung des Realitätsbezugs. Christian Krachts *Ich werde hier sein im Sonnenschein und im Schatten* zwischen Realität und Fiktion. In: Krumrey, Brigitta/Vogler, Ingo/Derlin, Katharina (Hg.): Realitätseffekte in der deutschsprachigen Gegenwartsliteratur. Heidelberg: Winter, S. 161–178.

Wassmann, Elena (2007): Die Novelle als Gegenwartsliteratur. Intertextualität, Intermedialität und Selbstreferentialität bei Martin Walser, Friedrich Dürrenmatt, Patrick Süskind und Günter Grass. St. Ingbert: Röhrig Universitätsverlag.

Werder, Lutz von (1992): Kreatives Schreiben in den Wissenschaften. Berlin/Milow: Schibri.

Werder, Lutz von (1993): Lehrbuch des wissenschaftlichen Schreibens. Berlin/Milow: Schibri.

7 Anhang

7.1 | Authentisch: Noch mehr Praxis-Beispiele

In den folgenden drei Unterkapiteln finden Sie authentische Beispiele aus Studierendenarbeiten zu den Bereichen Gliederung, Einleitung und Schluss. Es handelt sich, wie auch bei den bereits im Text zuvor angeführten Beispielen, um Auszüge aus Arbeiten, die von den betreuenden Dozent/innen mit *sehr gut* bewertet wurden.

Nutzen Sie die Texte als Anregung und Ideenpool sowie als Informationsquelle, die Ihnen einen realistischen Eindruck davon vermitteln kann, was in einer Studierendenarbeit von Ihnen erwartet wird. Ein herzlicher Dank geht an die Studierenden der Universität Koblenz-Landau/Campus Koblenz, die sich damit einverstanden erklärt haben, dass Auszüge aus ihren Arbeiten hier veröffentlich werden.

7.1.1 | Gliederungen aus Studierendenarbeiten

Sabrina Storz (Hausarbeit): *Jugendsprachliche Werbekampagnen und ihre Bewertung durch jugendliche Sprecher in sozialen Netzwerken*

Beispiel 1

1 Einleitung
2 Jugend, Sprache und Werbung
   2.1 Jugendsprache und ihre Charakteristika
   2.2 Funktionen von Jugendsprache
   2.3 Jugendsprache in der Werbung
3 Analysekorpus und methodische Vorgehensweise
   3.1 Analysekorpus
   3.2 Methodik
4 Auswertung der empirischen Untersuchung
   4.1 Werbekampagne der Sparkasse
   4.2 Analyse weiterer Werbekampagnen
   4.3 Ergebniszusammenfassung und Forschungsausblick
5 Fazit
6 Quellen- und Literaturverzeichnis
7 Anhang

7.1.2 | Einleitungen aus Studierendenarbeiten

Daniel Dresen/Nils Schöttler (Hausarbeit): *Fußballfangesänge –*
Ausdruck sprachlicher Gewalt?

Beispiel 1

Einleitung

»Wenn bei einem Auswärtsspiel keiner ruft: Kirsten, Du bist ein Arschloch!
dann weiß ich genau, dass ich schlecht bin« (Ulf Kirsten, dreimaliger Tor-
schützenkönig in der Bundesliga, Äußerung wiedergegeben bei Nowak/
Bernstein 2001, S. 66).
Der ehemalige Mittelstürmer von Bayer Leverkusen und der deutschen Na-
tionalmannschaft sah in den Pöbeleien der gegnerischen Fans offensichtlich
einen Indikator für seine eigene Leistung auf dem Fußballfeld. Je stärker
sein Auftritt auf dem Fußballplatz, desto mehr Beschimpfungen des gegnerischen Anhangs war er ausgesetzt. Viele Fußballspieler »genießen« genau
diese Situation bei Auswärtsspielen. Die Feindseligkeit der gegnerischen
Fans gibt ihnen zusätzlichen Motivationsschub: »Das ganze Stadion wird gegen uns sein. Ganz Deutschland wird gegen uns sein. Etwas Schöneres gibt
es nicht« wird Oliver Kahn vor dem Saisonfinale 2000/2001 zitiert (Geiling/
Müller 2002, S. 6).
Was Fußballfans auf dem Weg zum bzw. im Stadion äußern, lässt sich anhand des als Pyramide dargestellten Kategoriensystems für Fanggesänge von
Kopiez/Brink (1998 S. 15) einordnen. Das Fundament bilden dabei Primärre-
aktionen, die in Form von Rufen, Pfeifen und Lärminstrumenten, z. B. Trom-
meln, für Stimmung sorgen sollen. Die nächste Stufe stellt das rhythmische
Klatschen dar. Kurzgesänge, die als »gesungene Rufe« mit wenigen Takten
auskommen, präsentieren zusammen mit den komplexeren Fanliedern das
obere Drittel bzw. die Spitze der Fangesangspyramide (vgl. Kopiez/Brink
1998, S. 15).
Genau auf diesen Kurzgesängen und Fanliedern liegt das Hauptaugenmerk
dieser Hausarbeit. Brunner (vgl. Brunner 2007, S. 38 ff.) unterscheidet diesbezüglich zwischen zwei Fanggesang-Typen: Es gibt zum einen den Fange-
sang-Typ, der die Lieblingsmannschaft unterstützen soll. Der zweite Typ hingegen, der sogenannte »Antigesang«, richtet sich gegen den gegnerischen
Verein (bzw. einzelne Spieler, Trainer oder Funktionäre), die gegnerischen
Fans und deren Herkunft, gegen Schiedsrichter, Frauen, Homosexuelle und
die Polizei.
Die Antigesänge lassen sich wiederum in drei Kategorien nach Kopiez/Brink
(1998, S. 23ff) einteilen. Bei Antigesängen, die fußballtechnischen Ausdrücke enthalten, wird inhaltlich auf meist auf Abstiege, verpasste Meisterschaf-
ten, sprich sportliche Misserfolge, verwiesen. Die »indirekten Anfeindungen«
sollen anhand von Synonymen, Analogien und Metaphern den Gegner bloß-
stellen. Die »Mutter aller Schmähgesänge« (Kopiez/Brink 1998, S. 23) gehört
z. B. in diese Kategorie: »Zieht den Bayern die Lederhosen aus«. Die dritte
Kategorie setzt sich aus »direkten Diffamierungen« zusammen, die geprägt
sind von Tabuwörtern wie »Scheiße« oder »schwul«, die fast schon inflatio-
när verwendet werden, z. B. »Arbeitslos und eine Flasche Bier, das ist der

S04, die Scheiße vom Revier« (gehört beim Bundesligaspiel FC Schalke 04 geben gegen 1. FC Köln am 18.12.2010).

Diese Hausarbeit beschäftigt sich vor allem mit den Antigesangskategorien »indirekte Anfeindung« und »direkte Diffamierung » als Untersuchungsgegenstand. Nachdem ein Überblick zum Begriff der sprachlichen Gewalt geboten wird, werden ausgesuchte Beispiele unter dem Aspekt der sprachlichen Gewalt analysiert, dabei dient Hollys Werk »Imagearbeit in Gesprächen« (1979) als eine wichtige Grundlage. Sein Konzept der Imagearbeit in Gesprächen wird auf die gesangliche Interaktion der beiden konkurrierenden Fanlager übertragen. Als mögliche Grundformen sprachlicher Gewalt im Fußball werden Sexismus, Homophobie und Rassismus anhand von Beispielen vorgestellt und analysiert. Die gesammelten Erkenntnisse dieser Arbeit sollen dann in der Zusammenfassung eine Antwort auf die Frage ermöglichen, ob Fußballfangesänge Ausdruck sprachlicher Gewalt sind bzw. warum nicht.

Beispiel 2

Tobias Strunk (Hausarbeit): *Aspekte von Schriftlichkeit und Mündlichkeit in Peter Kurzecks Hörbuch »Ein Sommer, der bleibt«*

Einleitung

Peter Kurzecks Hörbuch *Ein Sommer, der bleibt,* das 2007 veröffentlicht und 2008 vom Hessischen Rundfunk als »Hörbuch des Jahres« prämiert wurde, nimmt innerhalb der zahlreichen Hörbuchproduktionen der letzten Jahre insofern eine Sonderstellung ein, als es sich nicht, wie sonst üblich, um die mündliche Wiedergabe einer literarischen Vorlage handelt. Peter Kurzeck erzählt vielmehr frei, ohne Manuskript. Dennoch beschreibt der Verlag das Hörbuch als Literatur, eine Literatur, die allerdings keine schriftsprachliche Manifestation hat.

Peter Kurzeck hat sich in seinen Romanen und Büchern oft mit autobiographischen Themen befasst. Die Produktionsform der »frei formulierten Rede« hat er jedoch erstmals in *Ein Sommer, der bleibt* verwendet. Durch diese Konstellation ergeben sich einige Besonderheiten, etwa durch die mediale Form oder das Fehlen von Interaktanten. Diese besondere Form zu beschreiben und aufzuzeigen, wo sprachwissenschaftliche Modelle die Schnittstellen zwischen Mündlichkeit und Schriftlichkeit markieren, soll Inhalt dieser Hausarbeit sein.

Dabei sollen, in Anknüpfung an die Seminarinhalte, die Funktionen des Erzählens und, daraus abgeleitet, die Funktionen von Peter Kurzecks Erzählen betrachtet werden. Die mediale Sonderform Hörbuch und darin die Form der ›frei formulierten Rede‹ wird beschrieben. Anhand der Modelle der fingierten Mündlichkeit nach Goetsch (1985) und dem Gesamtschema nach Koch/Oesterreicher (1985) wird das Hörbuch nicht im Sinne einer Polarität, sondern im Sinne feiner Abstufungen zwischen Mündlichkeit und Schriftlichkeit verortet. Am Beispiel eines nach GAT transkribierten Kapitels sowie besonderer Ausschnitte wird versucht, Aspekte gesprochener und geschriebener Sprache sowie Strukturen von Kurzecks Erzählen aufzuzeigen. Schließlich soll noch mit Hilfe des Begriffs Literarizität die Stellung des Hörbuchs sowohl als literarisches Produkt als auch als inszenierte Erinnerungsarbeit beschrieben werden.

Der Blickwinkel soll dabei primär sprachwissenschaftlich sein, wobei gelegentliche Anleihen in der Literatur- und Kulturwissenschaft bei der Analyse dieses außergewöhnlichen Hörtextes aber durchaus beabsichtigt (denn sehr hilfreich) sind.

Celia Herold (Hausarbeit): *Förderung der Erzählkompetenz im Erzählkreis. Eine exemplarische Untersuchung*

Beispiel 3

Einleitung

Der Erzählkreis, die Einschätzung seiner Möglichkeiten zur Förderung von SchülerInnen, etwa in Hinsicht auf ihre Selbstbestimmung sowie ihre kognitiven, und dabei im speziellen ihre sprachlichen Leistungen (vgl. Reh 2003, S. 218), sind in der Forschung und Didaktik ein hoch kontroverses Thema. Nicht zuletzt geht es auch vor allem die relativ junge Erzählerwerbsforschung an. Nachdem Erzählkompetenz, dem kognitiven Ansatz von Bouke et al. (1995) zufolge, zunächst primär danach erfasst wurde, inwiefern Erzählungen bereits als Ganzes nach einem »narrativen Schema« strukturiert werden, hat die interaktionstheoretische Position von Hausendorf/Quasthoff (1996) aufgezeigt, das Erzählungen vor allem interaktiv im Gespräch konstituierte Einheiten sind: In der Eltern-Kind-Interaktion werden dabei die Erwartungen einer spezifischen Struktur vom Erwachsenen an das Kind herangetragen, wobei der Erwachsene durch Setzung von Zugzwängen und Übernahme von »Jobs« die Erzählungen jeweils im einzelnen gemeinsam mit dem Kind vervollständigt, sowie durch das ständige Vorführen des gleichen Schemas die Erzählkompetenz des Kindes auch insgesamt langfristig fördert. Diese letzte Perspektive scheint zunächst, wie es allerdings von den Autoren revidiert wird (Hausendorf/Quasthoff 1996, S. 333; Quasthoff 2003, S. 117), ein Argument dafür zu sein, das freie Erzählen wieder stärker in den Unterricht zu integrieren. Das würde dann auch insbesondere für den Erzählkreis sprechen, der, zumindest dem Ideal nach, scheinbar die prototypische Umsetzung des alltäglichen Erzählens im Unterricht ist und welchem demnach, neben vielen anderen Vorteilen, die dem Erzählkreis von seinen Befürwortern zugesprochen wird, auch die Funktion der Förderung der Erzählfähigkeit der SchülerInnen zukäme.

Eben dieser Frage: Wie wirkt sich der Erzählkreis auf die Erzählkompetenz der Kinder aus? soll nun in dieser Arbeit genauer nachgegangen werden. Zum einen muss dabei vorweggenommen werden, dass empirisch die Beantwortung der Frage zumindest in quantitativer Hinsicht, etwa im Sinne der Frage: Korreliert der Unterricht im Erzählkreis mit einer erhöhten Erzählkompetenz der SchülerInnen? nach den bisherigen Forschungsergebnissen nicht möglich ist (vgl. Quasthoff 2003, S. 117; Ohlhus/Stude 2009, S. 476). Der Erzählkreis ist aber trotzdem des Öfteren in der Erzählforschung bewertet worden, wobei die neueren Untersuchungen größtenteils ein ziemlich negatives Bild des Erzählkreises entwarfen (vgl. u.a. Hausendorf/Quasthoff 1996, S. 331–339; Becker-Mrotzek 2001; Dreßler/Sanders 2003). Da der Erzählkreis andererseits ein weit verbreiteter Unterrichtsbestandteil bleibt (vgl. Heinzel 2001, S. 191), der sich überdies teilweise einer sehr großen Beliebtheit bei Schülern und Lehrern erfreut (vgl. Purmann 2001, S. 68), bleibt das Thema interessant für eine erneute Erörterung im Rahmen dieser Hausarbeit.

Zum anderen hat Reh (2003, S. 222) herausgestellt, dass es entscheidende Unterschiede beim freien Erzählen und in den Erzählkreisen gibt. Auf Basis dieser Erkenntnisse erachtete ich es als sinnvoll, einen bestimmten Erzählkreis exemplarisch zu untersuchen, wobei sich aus noch zu nennenden Gründen besonders der Morgenkreis der Grundschule Vollmarshausen in seiner Untersuchung durch Purmann (2001) anbot. In dieser Arbeit sollen die Besonderheiten dieses Erzählkreises im Gegensatz zu anderen Formen freien Erzählens im Unterricht dargestellt werden, wobei untersucht wird, wie welche Methoden des Erzählkreises sich jeweils auf welche Weise auf die Erzählentwicklung auswirken können.

Daraus ergibt sich die Struktur dieser Arbeit: Einleitend wird die Kritik am Morgenkreis aus Sicht der Erzählerwerbsforschung aufgeführt, damit einhergehend werden die scheinbar notwendigen Bestimmungen der Institution Schule erörtert, die eine Umsetzung des freien Erzählens im Unterricht verhindern. Daran anschließend wird der Morgenkreis Vollmarshausen mit seinen spezifischen Bedingungen vorgestellt, wobei versucht wird aufzuzeigen, inwiefern die besonderen Eigenschaften dieses Erzählkreises dazu führen, dass die zunächst als unvermeidbar betrachtete Spannung zwischen dem Unterricht und dem konversationellen Erzählen weitgehend abgebaut wird. Im zweiten Abschnitt dieses Kapitels wird dann zu erörtern sein, ob eine solche Struktur des Erzählkreises sich auch als förderlich für die Erzählkompetenz erweisen kann. Erst in diesem Teil wende ich mich einer genaueren Analyse der Transkripte zu, wobei zunächst die Förderung der Erzählkompetenz in Hinsicht auf die Kontextualisierung und zweitens in Hinsicht auf die narrative Strukturierung im Erzählkreis untersucht wird. Kapitel 2.3 behandelt die Rolle des Lehrers/der Lehrerin im Morgenkreis, auch dies vor dem Hintergrund der Förderung der Erzählkompetenz. Im dritten Kapitel stelle ich den Morgenkreis Vollmarshausen in einen kurzen Vergleich zu einem anderen Erzählkreis. Im Fazit schließlich findet sich dann eine Auswertung der Ergebnisse mit abschließendem Resümee, in dem eingeschätzt werden soll ob, wie und durch welche Bedingungen im Erzählkreis eine Förderung der Erzählkompetenz der SchülerInnen möglich ist.

7.1.3 | Schlussteile aus Studierendenarbeiten

Beispiel 1

Tobias Strunk (Hausarbeit): *Aspekte von Schriftlichkeit und Mündlichkeit in Peter Kurzecks Hörbuch »Ein Sommer, der bleibt«*

Fazit
Peter Kurzecks Hörtext ist ein außergewöhnliches Stück Literatur, in dem in Form einer ›frei formulierten Rede‹ Erinnerungsarbeit des Autors für die Hörer erlebbar wird. Mündlichkeit ist dabei nicht nur der mediale Kanal, sondern zugleich künstlerisches Stilmittel, das weit über eine simulierte Mündlichkeit, wie man sie in anderen literarischen Werken findet, hinausgeht. Der Deutungsrahmen ist für die Rezipienten durch die mediale Form enger gesteckt, als dies bei Literatur in schriftlicher Darbietung der Fall ist. Der Hörer wird Ohrenzeuge einer literarischen Erinnerungskonstruktion und Identitätsherstellung.
Die Prozesshaftigkeit der Sprache, die sich auch in syntaktischen Formen zeigt, ist dabei der wichtigste Aspekt einer Mündlichkeit und Sprache der Nähe. Bei Betrachtung der Gesamtstruktur des Hörbuches wurden aber auch viele Aspekte einer Sprache der Distanz sichtbar. Diese resultieren zum einen aus der medialen Fixierung auf eine Tonträger, der jede Interaktion mit dem Erzähler unmöglich macht, zum anderen unterlag der Text, im Sinne einer verdichtenden Literarisierung, einem komplexen Bearbeitungsprozess, der anhand der fertigen Produktion als solcher aber nicht mehr im Detail nachgewiesen werden kann. Aus dem Blickwinkel der verwendeten sprachwissenschaftlichen Modelle muss »Ein Sommer, der bleibt« deshalb als weniger authentisch angesehen werden als Alltagerzählungen, wenngleich es mit dem Erzählen im Alltag formale Aspekte teilt.

Peter Kurzecks literarische Profession spiegelt sich auch in seinem Umgang mit Sprache wieder und bereichert den Text mit poetischen Sprachbildern. Diese Ästhetisierung ist literarisch zwar ein großer Gewinn für den Text, entfernt den Hörtext aber wiederum weiter von einem Erzählen im Alltag. Ohne diese künstlerische und technische Verdichtung und die Erzählkunst Peter Kurzecks aber wäre *Ein Sommer, der bleibt* gewiss nicht so erfolgreich geworden.

Markus Möwis (Hausarbeit): *Falsches Heldentum. Erich Kästner, Horst Wessel und »Der Handstand auf der Loreley«*

Fazit

»Der Handstand auf der Loreley« wurde am 17.05.1932 von Kästner in der *Weltbühne* veröffentlicht, zwei Jahre nach dem Tod Horst Wessels und drei Jahre nach der Veröffentlichung dessen Liedtextes, beziehungsweise Gedichtes »Die Fahne hoch«. Beides sind Texte der späten Weimarer Republik, sie nutzen das gleiche Versmaß und ähneln sich in ihrer Form, sind aber thematisch völlig unterschiedlich.

Während Kästner auf Heinrich Heines »Ich weiß nicht, was soll es bedeuten« zurückgriff und eine sozialkritische Ballade verfasste, schrieb Wessel in der Tradition sozialistischer Kampflieder, rief zur letzten Schlacht und beschwor ein neues Deutschland herauf. In Kästners »Handstand« spielt der Topos des Heldentums eine übergeordnete und klar ersichtliche Rolle, während er in »Die Fahne hoch« eher untergeordnet erscheint und lediglich durch den Verweis auf die aufkommenden Helden im Kampf für das neue Deutschland anklingt.

Daher gilt es den Blick auf den Verfasser Horst Wessel selbst auszuweiten. Da die SA ursprünglich als Sportabteilung der NSDAP gegründet wurde, lässt sich Wessel durchaus in die Rolle des Turners interpretieren. Nimmt man die Stilisierung und religiöse Verklärung Wessels zu einem Märtyrer der NS-Bewegung hinzu, passt das Motiv des Turners definitiv auf Wessel. Das Turnermotiv lässt sich darüber hinaus auch als Deutung auf die Protagonisten und Führerpersönlichkeiten der Romane Hanns Heinz Ewers' sehen. In diesen Zusammenhang fällt Ewers' Bestreben einen Roman über Wessels Leben zu verfassen. Über die möglichen Kontakte Kästners zu Ewers, durch seine Tätigkeit im Vorstand des Schutzverbands Deutscher Schriftsteller, oder über Bekannte im Umfeld der *Münchner Neuesten Zeitung*, könnte er von dessen Vorhaben erfahren haben. Die zeitlich nah beieinander gelegene Veröffentlichung des »Handstands« und des »Briefs aus Paris«, mit den Anspielungen auf Ewers, erscheint alles andere als zufällig. So würde sich erklären, warum Kästner erst 1932 auf den Mythos um Horst Wessel und dessen Lied zurückgriff. Um diesen Bezug näher und zufriedenstellend untersuchen zu können, wäre eine eingehende Prüfung von Ewers' und Kästners Nachlass notwendig.

Abschließend lässt sich festhalten, dass »Der Handstand auf der Loreley« trotz aller formalen Berührungspunkte keine direkte Parodie auf »Die Fahne hoch« darstellt, sondern vielmehr auf Horst Wessel selbst. Die formalen Anspielungen auf das »Horst-Wessel-Lied« dienen dabei lediglich dem ironischen Verweis auf Horst Wessel und damit weiterführend auf das Heldentum der Nationalsozialisten, darin inbegriffen der für Ewers typische, deutsche Führerheld. »Der Handstand auf der Loreley« kann somit eher als Parodie und sozialkritische Stellungnahme gegenüber dem NS-Heldentum im Gesamten und als möglicher Seitenhieb auf Ewers gesehen werden.

Beispiel 3

Varina Weber: *Imagebedrohungen nach Holly in MMOPRGs am Beispiel von World of Warcraft*

Fazit

Es ist festgestellt worden, dass auch die anonymen Spieler eine MMOPRG-Spiels über ein Image im Sinne Hollys (1979, 2001) verfügen, welche es zu wahren gilt. Die Spieler sind mit ihrem Avatar sehr stark verbunden und somit empfänglich für Imagebedrohungen. Die Aussagen, die Holly über das Image und die Notwendigkeit der Imagewahrung in Gesprächen aufführt, gelten auch für die virtuelle Welt. Bestätigende ebenso wie kooperative und nicht-kooperative Gesprächssequenzen werden häufig in Worlds of Warcraft verwendet und es wird versucht, die rituelle Ordnung im Sinne Goffmans (1971) einzuhalten.

Allerdings wird in der medial schriftlichen Kommunikation der virtuellen Welt häufig anders mit Imageverletzungen umgegangen. Die Spieler können die bedrohenden Situationen umgehen, indem sie die Gruppe verlassen und somit zu den Mitspielern wahrscheinlich nie wieder Kontakt haben müssen. Es konnte beobachtet werden, dass die Spieler sehr schnell aggressiv auf einen Kommentar, beziehungsweise auf ein Emoticon, reagieren und somit eine Imagebedrohung unausweichlich wurde. Imagebedrohungen wurden in allen betrachteten Chatverläufen sehr schnell von den Interaktanten erkannt. Um eine Imageverletzung abzuwehren, wurden kaum VERANLASSUNGEN oder ein ENTGEGENKOMMEN verwendet. Das Verlassen der Gruppe scheint für die Spieler eine bessere Alternative zu sein als dem Gegner Recht zu geben oder ein Korrektiv entgegenzubringen. Ironie wurde zudem vom Opfer nur schwer erkannt, was den Besonderheiten des Chat-Gespräches geschuldet ist. Die Deutung wäre einfacher gewesen, wenn die Interaktanten Mimik und Betonung wahrnehmen könnten.

Außerdem ist festzustellen, dass die begehrten Spielfiguren Tanks und Heiler seltener Opfer von sprachlicher Gewalt werden. Kämpfer hingegen sind häufiger und intensiver das Ziel von Imagebedrohungen. In den Chatbeispielen wurden lediglich Spieler, die die Rolle des Kämpfers einnahmen, der Gruppe verwiesen, obwohl sie ein KORREKTIV vornahmen und sich für ihr Verhalten bzw. ihre Fehler ENTSCHULDIGTEN. Damit diese Aussage generalisiert werden könnte, müssten weitere Untersuchungen und Beobachtungen vorgenommen werden.

7.2 | Im Wortlaut: Kommentare von Dozent/innen zu Hausarbeiten

Um Ihnen eine bessere Einschätzung der eigenen Hausarbeit zu ermöglichen und ein Gefühl für die Art der Bewertung einer Hausarbeit zu vermitteln, haben wir die Dozentinnen und Dozenten des Germanistischen Instituts der Universität Koblenz-Landau/Campus Koblenz gebeten, uns typische (positive wie negative) Kommentare, die sie bei der Durchsicht von Hausarbeiten notieren, zur Verfügung zu stellen. Eine Auswahl wird im Folgenden aufgeführt:

- Fragestellung expliziert
- klare Fragestellung
- Thema eingrenzen!
- klares Vorhaben, gut strukturiert
- unklare, schwammige Fragestellung
- Fragstellung nicht erkennbar

- relevante Literatur herangezogen
- eigene Literaturrecherche
- keine eigene Literaturrecherche
- Literaturverzeichnis lückenhaft
- zu wenig Literatur
- Literaturgrundlage dünn
- Nicht-Fachliteratur wesentlich herangezogen
- Die verwendete Literatur besteht zu einem Teil aus Internetquellen, die nicht wissenschaftliche Standards erfüllen.
- verwendete Literatur nicht repräsentativ (siehe Jahr)

- formal korrekt
- Missachtung jeglicher Zitationskonventionen!
- formal inkorrekt: Sekundärzitate
- Sammelband statt Aufsatz zitiert und belegt!
- indirektes Zitieren nicht korrekt
- bisweilen fehlende Erwähnung der Quelle/des Autors im Text
- Lit. Verz. katastrophal, offensichtlich häufig verdeckt indirekt zitiert

- Rechtschreibung und Kommasetzung ungenügend
- Interpunktion!
- formal und orthographisch überwiegend korrekt

- terminologische Unklarheiten!
- Fachbegriffe falsch verwendet
- Verwenden Sie zur Klärung Fachlexika!
- vage, unzutreffende Begriffsverwendung
- Begriffsverwendung nicht korrekt

- methodisches Vorgehen unklar
- Überleitungen und Begründungen für das Vorgehen im Text fehlen
- roter Faden erkennbar

- sorgfältige Lektüre und Darstellung
- Literatur thematisch-inhaltlich gut erfasst
- Theoriekapitel ist ein Mix verschiedener, unverstandener Positionen, in sich widersprüchlich.
- zu wenig paraphrasiert/zusammengefasst, zu viele und zu lange wörtliche Zitate
- teils verkürzte Darstellungen wissenschaftlicher Positionen
- gründliche Einarbeitung
- Wer sagt das? Subjektive Vermutungen ohne Stützung auf Quellen
- Wiedergabeperspektive nicht deutlich
- Zitateteppich!

- widersprüchliche Argumentation
- Argumentationslogik!
- Begründung nicht nachvollziehbar
- logisch-argumentative Schwächen (z. B. Fazit)
- eigene Vergleiche, Schlussfolgerungen, Denkansätze: gut!
- keine Argumentation, sondern Vermutungen
- inhaltliche Verknüpfung der einführenden Darstellung, der Analyseteile und des Fazits zu vage
- Differenziertere Strukturierung, die den Argumentationsgang besser hervorkehrt, wären wünschenswert.
- Schwächen in Fragestellung/Argumentationslogik, die sich auch auf Analyse auswirkt
- Allgemeinplätze, Stereotype, angeblich allseits ›bekannte‹ Zusammenhänge und ›Tatsachen‹
- Arbeit stützt sich im Wesentlichen auf die Wiedergabe einer Quelle
- zu wenig stringent
- kritische Auseinandersetzung?

- Wo ist die Analyse?
- Analysen sorgfältig, in der Regel nachvollziehbar und methodisch genau
- sehr engagiert, viel eigenes empirisches Material
- Fehlen von Analysekategorien
- bloß wiedergegebene Analysen nicht als *fremde Ergebnisse* gekennzeichnet
- Es wird so getan, als habe der Verfasser selbst die dargestellten Untersuchungen und Analysen vorgenommen: »Ich werde untersuchen ...« u. Ä.
- Vermischung normativer Aussagen mit der eigentlichen Analyse
- Analyse z. T. nicht nachvollziehbar
- Für die Analyse wäre vorab eine Darstellung der Analysekategorien wünschenswert gewesen.
- Umsetzung der Analyse erfolgt sprachlich präzise.
- Korpus: Auswahlkriterien nicht benannt, Korpus nicht beschrieben

- überwiegend sicher formuliert
- sprachlich manchmal ungeschickt

- sprachlich gewandt
- zu geringes Abstraktionsniveau
- Formulierungsschwächen/fehlende Bezüge, sinnentstellend

- folgt einer differenzierten Gliederung hinsichtlich des zu betrachtenden Analysebeispiels
- gute Gliederung
- Kapitel zu klein/kaum inhaltlich gefüllt
- disparate Themenbereiche aneinandergeklebt, kein inhaltliches Konzept erkennbar
- Kapitel 6 steht isoliert, keine Verbindung zum Rest der Arbeit.
- Mehr Absätze! Stärker gliedern *im* Text

7.3 | Konkret: Recherche-Quellen Germanistik

7.3.1 | Fachlexika, Bibliographien, Handwörterbücher und Überblickswerke

Für die Suche nach passender Literatur sind als Einstieg Werke geeignet, die einen Überblick über das Themengebiet geben. Im Folgenden finden Sie Starthilfen für die verschiedenen Teildisziplinen.

7.3.1.1 | Literaturwissenschaft

Lexika/Sach- und Handwörterbücher/Bibliographien

Allgemeine Deutsche Biographie (ADB). Hg. durch die historische Commission bei der Königlichen Akademie der Wissenschaften, Bd. 1 56, Leipzig 1875–1912. Neudruck Berlin 1967. Berlin: Duncker & Humblodt [ADB und NDB sind online verfügbar als ›Deutsche Bibliographie‹, s. dazu Kapitel 7.3.3.1].

Anz, Thomas (Hg.): Handbuch Literaturwissenschaft. 3 Bde., Stuttgart: Metzler 2013.

Arnold, Heinz Ludwig: Kritisches Lexikon zur deutschsprachigen Gegenwartsliteratur (KLG). München: Edition Text und Kritik 2002.

Arnold, Heinz Ludwig (Hg.): Kindlers Literatur-Lexikon. 18 Bde., 3., völlig neu bearb. Aufl. Stuttgart: Metzler 2009.

Blinn, Hansjürgen: Informationshandbuch Deutsche Literaturwissenschaft. 4., neu bearb. u. stark erw. Aufl. Frankfurt a. M.: Fischer 2005.

Budde, Berthold (Hg.): Harenberg Literaturlexikon. Autoren, Werke und Epochen. Gattungen und Begriffe von A bis Z. Vollst. überarb. u. aktual. Sonderausg. von ›Harenbergs Lexikon der Weltliteratur‹ in 5 Bänden. Dortmund: Harenberg 2003.

Burdorf, Dieter/Fasbender, Christoph/Moenninghoff, Burkhard (Hg.): Metzler Lexikon Literatur. Begriffe und Definitionen. 3., völlig neu bearb. Aufl. Stuttgart/Weimar: Metzler 2007.

Butzer, Günther/Jakob, Joachim (Hg.): Metzler Lexikon literarischer Symbole. 2., erw. Aufl. Stuttgart: Metzler 2012.

Daemmrich, Horst S./Daemmrich, Ingrid G.: Themen und Motive in der Literatur. Ein Handbuch. 2., überarb. u. erw. Aufl. Tübingen/Basel: Francke 1995.

Deutsches Literatur-Lexikon. Biographisch-bibliographisches Handbuch. Begr.

von Wilhelm Kosch, hg. v. Bruno Berger u. Heinz Rupp, ab Bd. 6 von Heinz Rupp und Carl-Ludwig Lang. Bisher 36 Bde. u. 6 Ergänzungsbd. 3., völlig neubearb. Aufl. Berlin: De Gruyter 1968 ff.

Grant, Michael/Hazel, John: Lexikon der antiken Mythen und Gestalten. 17. Aufl. München: dtv 2003.

Jeßing, Benedikt: Bibliographieren für Literaturwissenschaftler. 3., bibl. erg. Ausg. Stuttgart: Reclam 2010.

Killy Literaturlexikon. Autoren und Werke deutscher Sprache. 13 Bde. Hg. v. Wilhelm Kühlmann in Verb. mit Achim Aurnhammer, begr. v. Walther Killy. 2., vollst. überarb. Aufl. Berlin/New York: De Gruyter 2008.

Kraft, Thomas (Hg.): Lexikon der deutschsprachigen Gegenwartsliteratur seit 1945. 2 Bde., München: Nymphenburger Verlagshandlung 2003.

Lutz, Bernd/Jeßing, Benedikt (Hg.): Metzler Autoren-Lexikon: Deutschsprachige Dichter und Schriftsteller vom Mittelalter bis zur Gegenwart. 4., aktual. u. erw. Aufl. Stuttgart/Weimar: Metzler 2010.

Meid, Volker: Sachwörterbuch zur deutschen Literatur. 2., durchges. u. verb. Aufl. Stuttgart: Reclam 2001.

Neue deutsche Biographie (NDB). Hg. v. der Historischen Kommission bei der Bayrischen Akademie der Wissenschaften. Bd. 1–25, Berlin: Dunkcker & Humblot 1953–2013. [ADB und NDB sind online verfügbar als ›Deutsche Bibliographie‹, s. dazu Kapitel 7.3.3.1].

Nünning, Ansgar (Hg.): Metzler-Lexikon Literatur- und Kulturtheorie. Ansätze – Personen – Grundbegriffe. 5., aktual. u. erw. Aufl. Stuttgart: Metzler 2013.

Spörl, Uwe: Basislexikon Literaturwissenschaft. 2., durchges. Aufl. Paderborn u. a.: Schöningh 2006.

Ueding, Gert (Hg.): Historisches Wörterbuch der Rhetorik. 12. Bde., Berlin/Boston: De Gruyter Mouton 1992–2015.

Weimar, Klaus (Hg.): Reallexikon der deutschen Literaturwissenschaft. Neubearb. des Reallexikons der deutschen Literaturgeschichte. 3 Bde., Berlin: De Gruyter 2007.

Wilpert, Gero von: Sachwörterbuch der Literatur. 8., erw. Aufl. Stuttgart: Kröner 2001.

Wilpert, Gero von: Lexikon der Weltliteratur. 3 Bde., 4., völlig neubearb. Aufl. Stuttgart: Kröner 2004.

Literaturgeschichten

Bahr, Eberhard (Hg.): Geschichte der deutschen Literatur. Kontinuität und Veränderung. Vom Mittelalter bis zur Gegenwart. 3 Bde., 2., vollst. überarb. u. erw. Aufl. Tübingen: Francke 1999.

Beutin, Wolfgang (et al.): Deutsche Literaturgeschichte. Von den Anfängen bis zur Gegenwart. 8., akt. u. erweit. Aufl. Stuttgart/Weimar: Metzler 2013.

Brenner, Peter J.: Neue deutsche Literaturgeschichte. Vom »Ackermann« zu Günter Grass. 3., überarb. u. erw. Aufl. Berlin: De Gruyter 2011.

Geschichte der deutschen Literatur von den Anfängen bis zur Gegenwart. 12 Bde. Begr. v. Helmut de Boor u. Richard Newald. München: Beck 1949 f.

Gnüg, Hiltrud/Möhrmann, Renate (Hg.): Frauen Literatur Geschichte. 2. Aufl. Stuttgart: Metzler 1999.

Grimminger, Rolf (Hg.): Hansers Sozialgeschichte der deutschen Literatur vom 16. Jahrhundert bis zur Gegenwart. 12 Bde. München: Hanser 1980–1992.

Martini, Fritz: Deutsche Literaturgeschichte von den Anfängen bis zur Gegenwart. Lizenzausg., Stuttgart: Kröner 2003.

Meid, Volker: Metzler Literatur Chronik. Werke deutschsprachiger Autoren. 3., erw. Aufl. Stuttgart: Metzler 2006.

Rötzer, Hans Gerd: Geschichte der deutschen Literatur: Epochen, Autoren, Werke. 2. Aufl. Bamberg: Buchner 2000.

Schlosser, Horst-Dieter: dtv-Atlas zur deutschen Literatur. 10., durchges. u. aktual. Aufl. München: dtv 2006.

Wild, Reiner (Hg.): Geschichte der deutschen Kinder- und Jugendliteratur. 3., vollst. überarb. u. erw. Aufl. Stuttgart: Metzler 2008.

Žmegač, Victor (Hg.): Geschichte der deutschen Literatur vom 18. Jahrhundert bis zur Gegenwart. 3 Bde. 2. Aufl. Königstein, Ts: Athenäum 1978–1984.

7.3.1.2 | Linguistik

Lexika/Sach- und Handwörterbücher/Bibliographien

Bussmann, Hadumod (2008): Lexikon der Sprachwissenschaft. 4., durchges. u. bibliogr. aktual. Aufl. Stuttgart: Kröner.

Crystal, David (1995): Die Cambridge-Enzyklopädie der Sprache, übers. u. bearb. v. Stefan Röhrich, A. Böckler u. M. Jansen. Darmstadt: Wiss. Buchgesellschaft.

Glück, Helmut/Rödel, Michael (Hg.) (2016): Metzler-Lexikon Sprache. 5., aktual. u. erw. Aufl. Stuttgart: Metzler.

Handbücher zur Sprach- und Kommunikationswissenschaft (HSK) (1982 ff.). Begr. v. Gerold Ungeheuer u. Herbert Ernst Wiegand, hrsg. v. Herbert Ernst Wiegand. Berlin/New York: De Gruyter Mouton.

Homberger, Dietrich (2003): Sachwörterbuch zur Sprachwissenschaft. Stuttgart: Reclam.

Literaturhinweise zur Linguistik (2015 f.). Hg. im Auftrag des Instituts für Deutsche Sprache v. Elke Donalies u. Carolin Müller-Spitzer (Bd. 1–3), Elke Donalies (Bd. 4–5). Heidelberg: Winter. (Reihe wird fortgesetzt, jeder Band enthält die Bibliographie zu einem bestimmten sprachwissenschaftlichen Themenbereich).

Studienbibliographien zur Sprachwissenschaft (1990–2014). Hg. im Auftrag des Instituts für deutsche Sprache von Ludger Hoffmann (H. 1–9, Manfred W. Hellmann (H. 10–33) und Elke Donalies (H. 37–45). Tübingen: Julius Groos (fortgesetzt als Literaturhinweise zur Linguistik (Lizuli), s. oben).

Ueding, Gert (Hg.) (1992–2015): Historisches Wörterbuch der Rhetorik. 12 Bde., Berlin/Boston: De Gruyter Mouton.

Einführungen/Überblickswerke/Reader

Adamzik, Kirsten (2010): Sprache: Wege zum Verstehen. 3., überarb. Aufl. Tübingen u. a.: Francke.

Auer, Peter (Hg.) (2013): Sprachwissenschaft. Grammatik, Kognition, Interaktion. Stuttgart: Metzler.

Bergmann, Rolf/Pauly, Peter/Schlaefer, Michael (2010): Einführung in die deutsche Sprachwissenschaft. 5. Aufl. Heidelberg: Winter.

Busch, Albert/Stenschke, Oliver (2014): Germanistische Linguistik. Eine Einführung. 3., überarb. u. erw. Aufl. Tübingen: Narr.

Buttarioni, Susanna (Hg.) (2011): Wie Sprache funktioniert. Baltmannsweiler: Schneider Hohengehren.

Dittmann, Jürgen/Schmidt, Claudia (Hg.) (2002): Über Wörter. Grundkurs Linguistik. Freiburg i. Br.: Rombach.

Duden. Die Grammatik. Unentbehrlich für richtiges Deutsch (2009). Hg. v. d. Dudenredaktion. 8., überarb. Aufl. Berlin: Dudenverlag. (=Duden Band 4).

Eisenberg, Peter (2013): Grundriss der deutschen Grammatik. Bd. 1: Das
Wort. Bd. 2: Der Satz. 4., durchges. und erw. Aufl. Stuttgart: Metzler.

Ernst, Peter (2011): Germanistische Sprachwissenschaft. Eine Einführung in die
synchrone Sprachwissenschaft des Deutschen. 2. Aufl. Wien: Facultas.

Graefen, Gabriele/Liedke, Martina (2012): Germanistische Sprachwissenschaft.
Deutsch als Erst-, Zweit-, oder Fremdsprache. 2., überarb. Aufl. Tübingen/
Basel: Francke.

Hoffmann, Ludger (Hg.) (2010): Sprachwissenschaft. Ein Reader. 3. Aufl. Berlin/
New York: De Gruyter.

Linke, Angelika/Nussbaumer, Markus/Portmann, Paul R. (2004): Studienbuch
Linguistik. 5., erw. Aufl. Tübingen: Niemeyer (=Reihe Germanistische Linguistik 121).

Meibauer, Jörg/Demske, Ulrike/Geilfuß-Wolfgang, Jochen et al. (2015): Einführung
in die germanistische Linguistik. 3., aktual. u. erw. Aufl. Stuttgart: Metzler.

Müller, Horst M. (Hg.) (2009): Arbeitsbuch Linguistik. Eine Einführung in die
Sprachwissenschaft. 2., überarb. u. aktual. Aufl. Paderborn u. a.: Schöningh.

Pelz, Heidrun (2002): Linguistik. Eine Einführung. 7. Aufl. Hamburg: Hoffmann &
Campe.

Pörings, Ralf/Schmitz, Ulrich (Hg.) (2003): Sprache und Sprachwissenschaft.
Eine kognitiv orientierte Einführung. 2. Aufl. Tübingen: Narr.

Ulrich, Winfried (2002): Wörterbuch Linguistische Grundbegriffe. 5. Aufl. Berlin/
Stuttgart: Borntraeger.

Volmert, Johannes (Hg.) (2005): Grundkurs Sprachwissenschaft. Eine Einführung
in die Sprachwissenschaft für Lehramtsstudiengänge. 5., korr. u. erg. Aufl.
München u. a.: Fink.

7.3.1.3 | Literatur- und Sprachdidaktik

Lexika/Handwörterbücher/Überblickswerke/Einführungen

Abraham, Ulf/Kepser, Matthis (2016): Literaturdidaktik Deutsch. Eine Einführung. 4., völlig neu bearb. u. erw. Aufl. Berlin: Erich Schmidt (=Grundlagen
der Germanistik 42).

Becker-Mrotzek, Michael/Vogt, Rüdiger (2009): Unterrichtskommunikation. Linguistische Analysemethoden und Forschungsergebnisse. 2., bearb. u. aktual.
Aufl. Tübingen: Niemeyer (=Germanistische Arbeitshefte 38).

Bogdal, Klaus Michael/Korte, Hermann (Hg.) (2012): Grundzüge der Literaturdidaktik. 6. Aufl. München: dtv.

Bredel, Ursula/Günther, Hartmut/Klotz, Peter/Ossner, Jakob/Siebert-Ott, Gisa
(Hg.) (2006): Didaktik der deutschen Sprache. Ein Handbuch. 2 Bde., Paderborn: Schöningh.

Denk, Rudolf/Möbius, Thomas (2010): Dramen- und Theaterdidaktik. Eine Einführung. 2., neu bearb. Aufl. Berlin: Erich Schmidt (=Grundlagen der Germanistik 46).

Frederking, Volker/Huneke, Hans-Werner/Krommer, Axel/Meier, Christel (Hg.)
(2010): Taschenbuch des Deutschunterrichts. 2 Bde., Baltmannsweiler: Schneider Hohengehren.

Groeben, Norbert/Hurrelmann, Bettina (Hg.) (2009): Lesekompetenz. Bedingungen, Dimensionen, Funktionen. 3. Aufl. Weinheim u. a.: Juventa.

Huneke, Hans-Werner/Steinig, Wolfgang (2015): Sprachdidaktik Deutsch. Eine
Einführung. 5., neu bearb. u. erw. Aufl. Berlin: Erich Schmidt (=Grundlagen
der Germanistik 38).

Kliewer, Heinz-Jürgen/Pohl, Ingrid (Hg.) (2012): Lexikon Deutschdidaktik. 2 Bde.,
Baltmannsweiler: Schneider Hohengehren.

Köhnen, Ralph (Hg.) (2011): Einführung in die Deutschdidaktik. Stuttgart/Weimar: Metzler.

Lange, Günter/Weinhold, Swantje (Hg.) (2010): Grundlagen der Deutschdidaktik. Sprachdidaktik – Mediendidaktik – Literaturdidaktik. 4., korr. Aufl. Baltmannsweiler: Schneider Hohengehren.

Neuland, Eva/Peschel, Corinna (2013): Einführung in die Sprachdidaktik. Stuttgart/Weimar: Metzler.

Ossner, Jakob (2008): Sprachdidaktik Deutsch. Eine Einführung für Studierende. 2., überarb. Aufl. Paderborn: Schöningh.

Paefgen, Elisabeth (2006): Einführung in die Literaturdidaktik. 2., aktual. u. erw. Aufl. Stuttgart: Metzler.

Ulrich, Winfried (2001): Didaktik der deutschen Sprache: Ein Arbeits- und Studienbuch in drei Bänden. Texte, Materialien, Reflexionen. Stuttgart: Klett.

Ulrich, Winfried (Hg.) (2008 ff.): Deutschunterricht in Theorie und Praxis (DTP). Handbuch zur Didaktik der deutschen Sprache in elf Bänden. Teilw. überarb. u. erw. Neuaufl. einzelner Bde. Baltmannsweiler: Schneider Hohengehren.

7.3.2 | Fachzeitschriften und Periodika

Im Folgenden finde Sie eine Auswahl der wichtigsten Fachzeitschriften für Literaturwissenschaft/-didaktik und Sprachwissenschaft/-didaktik. Zeitschriften haben in der Regel sog. Registerbände, die die Recherche bezüglich bestimmter Themengebiete oder Autor/innen erleichtern. Online kann man häufig im Archiv der jeweiligen Zeitschrift die Inhaltsverzeichnisse der einzelnen Hefte einsehen und z. T. die Artikel gegen Bezahlung downloaden.

- Aptum. Zeitschrift für Sprachkritik und Sprachkultur
- Der Deutschunterricht
- Deutschunterricht
- Deutsche Sprache (DS). Zeitschrift für Theorie, Praxis, Dokumentation
- Deutsche Vierteljahrsschrift für Literaturwissenschaft und Geistesgeschichte (DVjs)
- Didaktik Deutsch. Halbjahreszeitschrift für die Didaktik der deutschen Sprache und Literatur.
- Diskussion Deutsch (1970 – 1995)
- Germanistische Linguistik
- Gesprächsforschung. Online-Zeitschrift zur verbalen Interaktion. http://www.gespraechsforschung-ozs.de
- ide – Information zur Deutschdidaktik. Zeitschrift für den Deutschunterricht in Wissenschaft und Schule
- Linguistische Berichte (LB)
- Linguistik Online. http://www.linguistik-online.de
- Literatur im Unterricht. Texte der Moderne und Postmoderne in der Schule
- Muttersprache. Vierteljahresschrift für deutsche Sprache
- Poetica. Zeitschrift für Sprach- und Literaturwissenschaft
- Praxis Deutsch
- Sprachreport. Informationen und Meinungen zur deutschen Sprache
- Text + Kritik. Zeitschrift für Literatur

- Wirkendes Wort. Deutsche Sprache und Literatur in Forschung und Lehre
- Zeitschrift für Angewandte Linguistik (ZfAL)
- Zeitschrift für Germanistik
- Zeitschrift für germanistische Linguistik (ZGL). Deutsche Sprache in Gegenwart und Geschichte
- Zeitschrift für interkulturelle Linguistik (ZiG)
- Zeitschrift für Literaturwissenschaft und Linguistik (LiLi)
- Zeitschrift für Sprachwissenschaft

7.3.3 | Online-Bibliographien und fachbezogene Links

Die nachfolgenden Informationen sind den Selbstbeschreibungen der Betreiber entnommen.

7.3.3.1 | Bibliographien und Links zur Germanistik fachübergreifend

BDSL: Bibliographie der Deutschen Sprach- und Literaturwissenschaft
http://www.bdsl-online.de
Der Eppelsheimer-Köttelwesch, wie die Bibliographie auch verkürzt nach ihren Begründern genannt wird, legt den Schwerpunkt auf Literaturwissenschaft, der Bereich Sprachwissenschaft wird nur in Auswahl berücksichtigt. Die Datenbank erschließt vor allem die internationale germanistische Sekundärliteratur (Monographien, Zeitschriftenaufsätze, Rezensionen, Festschriften). Primärtexte sind nur verzeichnet, soweit sich die Sekundärliteratur des Berichtszeitraums auf sie bezieht.

Deutsche Biographie
https://www.deutsche-biographie.de
Die »Deutsche Biographie« bietet strukturiertes lexikalisches Expertenwissen mit Informationen zu ca. 130.000 Persönlichkeiten des deutschsprachigen Kulturraums und umfasst digitale Volltexte von ca. 48.000 historisch-biographischen Artikeln der Allgemeinen Deutschen Biographie (ADB, 56 Bände, 1875–1912) sowie der Neuen Deutschen Biographie (NDB, online bisher 24 Bände) und erschließt durch Verlinkungen auf zertifizierte Angebote zu diesen Personen Normdaten, Artikel aus weiteren biographischen Lexika, Quellen, Literatur sowie Objekte, Werke und Portraits bzw. deren Nachweise.

Deutsche Digitale Bibliothek (DDB)
https://www.deutsche-digitale-bibliothek.de/content/about/
Ziel der »Deutschen Digitalen Bibliothek« (DDB) ist es, über das Internet freien Zugang zum kulturellen und wissenschaftlichen Erbe Deutschlands zu eröffnen, d. h. zu Büchern, Archivalien, Bildern, Skulpturen, Musikstücken und anderen Tondokumenten, Filmen und Noten.

Europeanea
http://www.europeana.eu/portal/de/about.html
Europeanea ermöglicht eine ›virtuelle Reise‹ durch Objekten aus Europas Galerien, Bibliotheken, Archiven und Museen. Die virtuelle Bibliothek enthält Bücher, Handschriften, Fotografien, Zeichnungen, Gemälde, Filme, Videos, Fernsehaufnahmen, Bildhauerei und Kunsthandwerk, Tagebücher, Karten, Noten und Tonaufnahmen. Die Abbildungen und Aufnahmen dürfen genutzt, gespeichert und geteilt werden.

Germanistik. Internationales Referatenorgan mit bibliographischen Hinweisen
http://www.degruyter.com/view/j/germ
Es werden pro Jahrgang rund 7500 veröffentlichte Titel nachgewiesen, ca. 1500 selbständig und ca. 6000 unselbständig erschienene Titel (Aufsätze aus ca. 300 Zeitschriften und 200 Sammelwerken). Alle Titel werden systematisch erschlossen, entsprechenden Gebieten der Germanistik zugewiesen und mit Schlagwörtern für das Sach- und Namenregister versehen. Circa ein Drittel der monographischen Beiträge werden in Kurzreferaten vorgestellt. »Germanistik« gibt es als Print-Ausgabe und Online-Datenbank.

Karlsruher virtueller Katalog (KKV)
https://kvk.bibliothek.kit.edu
Der KVK ist eine Meta-Suchmaschine zum Nachweis von mehr als 500 Millionen Büchern, Zeitschriften und anderen Medien in Bibliotheks- und Buchhandelskatalogen weltweit. Die eingegebenen Suchanfragen werden an mehrere Bibliothekskataloge gleichzeitig weitergereicht und die jeweiligen Trefferlisten angezeigt.

Virtuelle Fachbibliothek Germanistik – Germanistik im Netz (GiN)
http://www.germanistik-im-netz.de
Die GiN ermöglicht parallele Medienrecherche in ausgewählten Bibliothekskatalogen, Fachbibliographien und in Sammlungen wissenschaftlich relevanter und kommentierter Internetquellen. Sie bietet einen wöchentlichen Neuerscheinungsdienst auf Grundlage der Deutschen Nationalbibliographie. Ebenso findet sich ein Überblick über germanistische Print- und E-Zeitschriften sowie aktuelle Zeitschrifteninhalte.

MLA International Bibliography
https://www.mla.org/bibliography
Die »MLA International Bibliography« ist eine internationale Fachbibliographie, die von der Modern Language Association (MLA) herausgegeben wird und internationale Sekundärliteratur im Bereich der Sprach- und Literaturwissenschaft nachweist. Rund 4400 Zeitschriften (vgl. hierzu MLA Directory of Periodicals) werden laufend ausgewertet, daneben auch repräsentative Sammelschriften, Serien, Kongressberichte und in geringerem Maße auch Monographien. Die elektronische Version reicht zurück bis ins Jahr 1926.

Online Contents – SSG Germanistik
http://www.germanistik-im-netz.de/dbis/title.html?id=7840
Die Datenbank erschließt Inhaltsverzeichnisse von Zeitschriften aus dem
Bereich ›Deutsche Sprache und Literatur‹. Zurzeit werden 140 Zeitschriften ausgewertet, in der Regel ab dem Erscheinungsjahr 1993. Der Zugriff
ist für alle Einrichtungen aus dem Wissenschafts- und Hochschulbereich
der Bundesrepublik Deutschland, Europa und USA frei.

Sammlungen der Deutschen Forschungsgemeinschaft Germanistik,
Deutsche Sprache und Literatur (=Sondersammelgebiet 7.20)
https://www. ub.uni-frankfurt.de/ssg/dsl.html#sprach
Der Bestand, der gemäß dem Sammelauftrag der DFG seit mehr als fünf
Jahrzehnten an der Goethe-Universität Frankfurt aufgebaut wird, umfasst
Monographien und Sammelwerke, AV-Medien (CD-ROM, DVD) wie auch
Datenbanken und elektronische Zeitschriften, E-Books und Online-Doku-
mente. Es wird Primär- und Sekundärliteratur zur ›Deutschen Literatur-
wissenschaft‹ und zur ›Deutschen Sprachwissenschaft‹ gesammelt. Recherche in den Beständen ist online möglich.

7.3.3.2 | Bibliographien und Links zur Literaturwissenschaft

Datenbank Schriftstellerinnen Deutschland, Österreich, Schweiz
1945–2008 (DaSinD)
http://www.dasind.uni-bremen.de/
DaSinD enthält Informationen über Schriftstellerinnen im deutschsprachigen Raum und ihre Werke und wird von der Stiftung Frauen-Literatur-
Forschung e. V. erstellt.

Erlanger Liste
http://www.erlangerliste.de/
Seit 1995 stellen Gunther Witting und Ernst Rohmer den Informations-
dienst zur Germanistik im Internet zur Verfügung. Auf den Seiten werden
Links zu Angeboten im WWW zusammengetragen, die für Germanist/
innen an Universitäten und Schulen von Interesse sein können.

LiGo – Literaturwissenschaftliche Grundbegriffe online
http://www.li-go.de/definitionsansicht/ligostart.html
LiGo ist ein Selbstlernkurs zu literaturwissenschaftlichen Grundbegriffen.
Es werden Begriffe erklärt und an Beispielen demonstriert sowie interaktive Übungen angeboten. LiGo ist ein Gemeinschaftsprojekt von Germa-
nisten verschiedener Universitäten, das an der TU Darmstadt technisch
realisiert wurde.

Projekt Gutenberg-DE
http://gutenberg.spiegel.de/
Die aktuelle Edition (Juli 2017) enthält mehr als 8000 Werke von über
1700 Autoren und stellt die größte elektronische Volltextsammlung
deutschsprachiger Literatur dar. Der Bestand umfasst ca. 6000 belletristi-
sche Werke und 1000 Sachbücher und Biographien.

ZVAB – Zentrales Verzeichnis Antiquarischer Bücher
http://www.zvab.com/index.do
Das ZVAB ist weltweit das größte Online-Antiquariat für deutschsprachige
Titel. Professionelle Antiquare bieten rund 25 Millionen antiquarische
oder vergriffene Bücher sowie Noten, Grafiken, Autographen, Postkarten
und Schallplatten zum Kauf an.

Textlog.de – Historische Texte und Wörterbücher
http://www.textlog.de/
Textlog.de ist eine Sammlung historischer Texte und Wörterbücher mit
Schwerpunkt Philosophie, Kunst und Ästhetik. Die in dem Projekt ent-
haltenen Online-Ausgaben sind neu überarbeitet und editiert. Derzeit
stehen über 41.000 Seiten zur Lektüre und Recherche zur Verfügung. Die
Sammlung wird ständig aktualisiert und erweitert.

Zeno.org – Volltextbibliothek
http://www.zeno.org/
Zeno enthält das literarische Werk von mehr als 700 Autor/innen, darunter Andersen, Balzac, Brentano, Chamisso, Cervantes, Dante, Dostoevs-
kij, Droste-Hülshoff, Fontane, Goethe, Grabbe, Grimm, Heine, Kafka,
Klabund, Kleist, Lessing, May, Novalis, Poe, Ringelnatz, Shakespeare,
Schiller, Storm, Tucholsky, Zola u. v. a. m.

7.3.3.3 | Bibliographien und Links zur Linguistik

Bibliographie zur Gesprächsforschung (BGF)
http://hypermedia.ids-mannheim.de/pragdb/bgf.html
Die »Bibliographie zur Gesprächsforschung« (BGF) umfasst über 31.000
Titel und wird kontinuierlich erweitert. Sie enthält aktuell vor allem Angaben zu Neuerscheinungen aus den Jahren 2000 bis 2016, d. h. Angaben
zu deutschen und englischen Zeitschriftenaufsätzen, Monographien und
Sammelbänden aus dem Bereich der Gesprächsforschung, der Gespro-
chene-Sprache-Forschung und der angrenzenden Disziplinen.

Bibliografie zur deutschen Grammatik (BDG)
http://hypermedia.ids-mannheim.de/call/public/bib.ansicht?v_app=g
Die Grammatische Bibliografie des Instituts für Deutsche Sprache erfasst
seit 1965 erschienene Publikationen zur deutschen Grammatik. Sie ermöglicht die Recherche nach Titel, Autor, Jahr, Sprache, Kontrastsprache,
Schlagwort und Objektwort.

**Bibliography of Linguistic Literature DataBase / Bibliographie
linguistischer Literatur Datenbank (BLLDB)**
http://www.blldb-online.de
Die Bibliographie enthält Titel zur allgemeinen Linguistik sowie zur ang-
listischen, germanistischen und romanistischen Sprachwissenschaft und
verfügt über eine detaillierte Klassifikation. Sie enthält ca. 90.000 Titel,

die Jahrgänge 1971–1995 sind kostenfrei recherchierbar, ab 1996 ist der Zugang lizenzpflichtig (ggf. aber in Ihrer Hochschulbibliothek zugänglich).

Bibliografien zur Linguistik – IDS Mannheim
http://www1.ids-mannheim.de/service/quellen/biblio.html
Unter diesem Link findet sich eine Auflistung von Bibliographien auf der Seite des IDS Mannheim, die nach verschiedenen fachspezifischen Gebieten geordnet sind.

Online Contents Linguistik / My Current Contents Lingustics (myCCL)
https://www. ub.uni-frankfurt.de/linguistik/ling_contents.html
Bei »Online Contents Linguistik« handelt es sich um eine frei verfügbare Datenbank mit den Inhaltsverzeichnissen von rund 400 Zeitschriften und ca. 250.000 Titelangaben zur Linguistik ab 1993. myCCL ist eine Ergänzung zur Datenbank und stellt einen kostenlosen Service dar. Nach Wunsch kann man die jeweils aktuellen Inhaltsverzeichnisse von Fachzeitschriften per E-Mail anfordern.

Linguistics & Language Behavior Abstracts (LLBA)
http://search.proquest.com/llba/advanced
LLBA ist eine Bibliographie zur Linguistik und zu verwandten Themen aus den Sozialwissenschaften, die ca. 400.000 Titel und Abstracts ab 1973 nachweist.

GAIS – Gesprächsanalytisches Informationssystem des Instituts für Deutsche Sprache
http://prowiki.ids-mannheim.de/bin/view/GAIS/
GAIS ist ein internetbasiertes, multimediales Informationssystem mit Informationen und Arbeitsmöglichkeiten zur Gesprächsanalyse; es ist zu finden auf den Seiten des Instituts für deutsche Sprache/Mannheim.

GRAMMIS 2.0 – Das grammatische Informationssystem des Instituts für Deutsche Sprache
http://hypermedia.ids-mannheim.de/index.html
Grammis ist das multimediale Internet-Informationssystem zur deutschen Grammatik des Instituts für deutsche Sprache/Mannheim. Es bietet umfangreiche Erklärungen und Hintergrundwissen zu grammatischen Erscheinungen und wendet sich an Studierende, Lehrende und Sprachwissenschaftler/innen.

Linguistik-Portal für Sprachwissenschaft
http://www.linguistik.de/
Das Linguistik-Portal bietet Fachinformationen zu allen Bereichen der Sprachwissenschaft. Die Themen reichen von ›Angewandte Linguistik‹ bis ›Zweitspracherwerb‹. Zusätzlich gibt es die Möglichkeit, mit einer Recherche zugleich mehrere Spezialkataloge nach sprachwissenschaftlicher Literatur zu durchsuchen.

Linguist List
http://linguistlist.org/
»Linguist List« bietet digitale Information über Sprache und Sprachanalyse. Es wird eine Website mit ca. 2000 Seiten zur Verfügung gestellt, die Suche in Archiven und in über 100 linguistischen Mailing-Listen ist möglich.

LINSE – Linguistik-Server Essen
http://www.linse.uni-due.de
LINSE befasst sich mit eine Vielzahl von Themen einer – interdisziplinär verstandenen –Sprachwissenschaft und -didaktik. Auf LINSE werden auch Aufsätze, kleine Schriften, Lernsoftware sowie Rezensionen von Büchern, CDs und Software publiziert. Es werden zudem Informationen, Bibliographien und Arbeitsmaterial für Forschung und Lehre zur Verfügung gestellt und ein direkter Austausch unter Wissenschaftler/innen und Studierenden wird ermöglicht.

7.3.3.4 | Links zur Literatur- und Sprachdidaktik

Informationen und Literatur zur Literatur- und Sprachdidaktik finden sich auch unter den fachbezogenen Links zur Literatur- bzw. Sprachwissenschaft (s. Kapitel 7.3.3.2 und 7.3.3.3).

Bildungsserver der Bundesländer
Landesbezogene Bildungsserver gibt es für die einzelnen Bundesländer, z. B. Bildungsserver Rheinland-Pfalz (https://bildung-rp.de) oder Bildungsserver Sachsen (http://www.bildungsserver.de/Bildungsserver-in-Sachsen-1502.html) unter dem Dach des Deutschen Bildungsservers (s. u.).

Deutscher Bildungsserver
http://www.bildungsserver.de/
Beim Deutschen Bildungsserver des Deutschen Instituts für Internationale Pädagogische Forschung (DIPF) finden sich vielfältige Informationen zu Bildung, Schule und Hochschule sowie Zugang zu Datenbanken mit Dokumenten und Online-Ressourcen.

Printed in the United States
By Bookmasters